Advaita
Bodha
Dipika

Si este libro le ha interesado y desea que lo mantengamos informado de nuestras publicaciones, escríbanos indicándonos cuáles son los temas de su interés (Autoayuda, Espiritualidad, Qigong, Naturismo, Enigmas, Terapias Energéticas, Psicología práctica, Tradición...) y gustosamente lo complaceremos.

Puede contactar con nosotros en
comunicacion@editorialsirio.com

Diseño de portada: Editorial Sirio, S.A.
Traducido del inglés por Manuel Algora Corbi

© de la presente edición
EDITORIAL SIRIO, S.A.

EDITORIAL SIRIO, S.A.	NIRVANA LIBROS S.A. DE C.V.	ED. SIRIO ARGENTINA
C/ Rosa de los Vientos, 64	Camino a Minas, 501	C/ Paracas 59
Pol. Ind. El Viso	Bodega nº 8,	1275- Capital Federal
29006-Málaga	Col. Lomas de Becerra	Buenos Aires
España	Del.: Alvaro Obregón	(Argentina)
	México D.F., 01280	

www.editorialsirio.com
sirio@editorialsirio.com

I.S.B.N.: 978-84-7808-890-4
Depósito Legal: MA-827-2013

Impreso en Imagraf

Printed in Spain

Cualquier forma de reproducción, distribución, comunicación pública o transformación de esta obra sólo puede ser realizada con la autorización de sus titulares, salvo excepción prevista por la ley. Diríjase a CEDRO (Centro Español de Derechos Reprográficos, www.cedro.org) si necesita fotocopiar o escanear algún fragmento de esta obra.

Clásicos Advaitas

Advaita Bodha Dipika

editorial Sirio

INTRODUCCIÓN

1.- ¡Me postro a los pies sagrados del Señor Supremo, el refugio de todo el universo, el medio para destruir el *samsara* (ciclo de nacimientos y muertes), el Eterno Dios Ganesha de cara de elefante!

2.- Medito en el santo maestro conocido como Chidambara Brahmán, la misma esencia del Supremo Ser no dual, su misma Bienaventuranza y el mejor yogui de entre todos los hombres, por cuya mirada luminosa, yo, un tonto, cegado por la masiva oscuridad de la ignorancia sin comienzo, gané la preciosa joya del *Gñyana* (Conocimiento).

3.- Medito en ese santo maestro, y en el polvo de sus pies de loto, que entrando en contacto con los hombres hace que puedan cruzar fácilmente el océano sin orillas del *samsara,* como si fueran un destello.

4-5.- Para quienes se encuentran capacitados por haber eliminado todos sus pecados por la práctica de las austeridades en vidas pasadas, por su mente pura, sus intelectos que discriminan lo real de lo irreal, indiferentes a los placeres de este u otros mundos, con sus mentes y sentidos bajo control, por haber subyugado las pasiones y abandonado las acciones (deberes sociales) como si se tratara de un fardo, con la mente firme y tranquila, con fe inamovible, deseosos de liberarse de la esclavitud, este trabajo, *Shri Advaita Bodha Dipika,* es presentado en ocho capítulos.

6.- Diferentes trabajos con el tema del Advaita han aparecido desde los maestros de antaño, como los de Shankaracharya y Vidyaranya; sin embargo, de la misma forma que los padres gozan al escuchar las palabras quebradas de los hijos, así las buenas gentes gozarán de corazón de esta obra a pesar de lo imperfecta que pueda ser.

CAPÍTULO I
LA SOBREIMPOSICIÓN
(ADHYARUPA)

1

Enormemente afectado por los tres tipos de aflicciones (*tapatraya*), buscando ansiosamente deshacerse de las ataduras para ser libre de su penosa existencia, un discípulo caracterizado por un largo ejercicio de la cuádruple *sadhana* (práctica) se aproxima a un digno maestro y ruega:

2-6

Discípulo: *Señor, maestro, océano de misericordia, ¡me rindo y entrego a usted! ¡Por favor, le ruego que me salve!*
Maestro: ¿Salvarte de qué?
D.: Del miedo a la repetición del nacimiento y de la muerte.
M.: Abandona el *samsara* y no tengas miedo.

D.: *Soy incapaz de cruzar este vasto océano del* samsara; *esa es la razón por la que temo a la rueda de los nacimientos y las muertes, y me rindo ante usted. ¿Es su labor salvarme?*

M.: ¿Qué puedo hacer por ti?

D.: *Sálveme. No tengo otro refugio. De la misma forma que el agua es la única cosa capaz de apagar el fuego cuando el pelo se le está quemando a uno, un sabio como usted es el único refugio para la gente que como yo se está quemando debido a los tres tipos de aflicciones. Usted está libre de la ilusión del* samsara, *calmo de mente y sumergido profundamente en la incomparable bienaventuranza de Brahman (Absoluto), que es sin comienzo y sin final. Ciertamente usted puede salvar a esta pobre criatura. ¡Por favor, hágalo!*

M.: ¿Qué me importa a mí si tú sufres?

D.: *Los santos como usted no soportan ver a otros sufrir, como un padre con su hijo. Su amor es incondicional y para todas las criaturas. Usted es el gurú (maestro) común para todos, el único barco para llevarnos a través de este océano del* samsara.

M.: Bien, ¿qué te hace sufrir?

D.: *Mordido por la cruel serpiente del doloroso* samsara, *estoy aturdido y sufro. Maestro, por favor, sálveme de este infierno en llamas y dígame cómo puedo ser libre, si es tan amable.*

7-11

M.: ¡Muy bien dicho, hijo mío! Eres inteligente y disciplinado. Ya no necesitas probar que eres un discípulo competente. Tus palabras muestran claramente que lo eres. ¡Ahora, escucha con atención!: en el Ser Supremo de Existencia-Conocimiento-Bienaventuranza, ¿quién puede ser la entidad trasmigradora? ¿Cómo

La sobreimposición

puede existir este *samsara*? ¿Qué pudo haberlo creado? ¿Cómo puedes estar engañado si tú eres la realidad no dual? ¿Cómo y cuándo surgió? Estando en sueño profundo, sin haber cambiado en ningún sentido y tras dormir abundante y tranquilamente, un tonto al despertarse comienza a gritar: "¡Oh, estoy perdido!". ¿Cómo es posible que tú, el inmutable, el carente de forma, Ser Supremo y Bienaventurado, puedas exclamar: "¡Soy un miserable!", y otras cosas parecidas? Hijo, realmente no hay nacimiento ni muerte, nadie nace ni muere, ni nada parecido.

D.: ¿*Qué existe entonces?*

M.: Solo existe el Ser sin comienzo, sin final, no dual, nunca esclavo, siempre libre, puro, consciente, único, supremo y Conocimiento Bienaventurado.

12

D.: *Si es así, dígame cómo esta poderosa ilusión del* samsara *me vela hasta convertirme en una densa oscuridad parecida a las nubes de la estación de las lluvias.*

13-14

M.: ¿Que se puede decir del poder de esta ilusión (*Maya*)? De la misma forma que una persona confunde un poste de madera con un hombre, tú confundes al no dual, al Ser Perfecto, con un individuo. Al estar en el error, eres desgraciado. Pero ¿cómo surge esta ilusión? De la misma forma que un sueño cuando estamos durmiendo, este falso *samsara* aparece en la ilusión de la ignorancia, que a su vez también es irreal. De ahí tu error.

15-18

D.: ¿*Qué es la ignorancia?*
M.: Escucha. En el cuerpo aparece un fantasma, el "yo", su identificación con el cuerpo se llama *jiva*. Este *jiva* siempre extrovertido, que toma al mundo como real y a sí mismo como el actor y el que goza de placeres y penas, deseoso de esto y aquello, carente de discriminación, que nunca recuerda su naturaleza real, que no se pregunta "¿quién soy yo?", "¿qué es este mundo?", vaga en el *samsara* sin conocerse a sí mismo. Tal olvido del ser es ignorancia.

19

D.: *Todas las* Sastras *(Escrituras Sagradas) proclaman que este* samsara *es obra de las manos de* maya, *pero usted dice que es debido a la ignorancia. ¿Cómo se pueden reconciliar ambas afirmaciones?*

20

M.: Esta ignorancia es conocida por diferentes nombres, tales como *maya*, *pradhana*, *avyakta*, *Avidya*, la naturaleza, oscuridad y otros más. Por lo tanto, el *samsara* es solo producto de la ignorancia.
D.: ¿*Cómo proyecta la ignorancia este* samsara?
M.: La ignorancia tiene dos aspectos: ocultación y proyección (*Avarana* y *Vikshepa*). De ellos surge el *samsara*. La ocultación funciona de dos formas. Por una parte, decimos "esto no es" y, por otra, "esto no brilla externamente".

La sobreimposición

21-22

D.: *Por favor, explíqueme esto.*

M.: En un diálogo entre un maestro y un discípulo, a pesar de que el maestro instruye que solo existe la realidad no dual, el hombre ignorante piensa: "¿Qué puede ser la realidad no dual? No, no puede existir". Como resultado de la ocultación carente de comienzo, a pesar de ser instruido, el hombre desprecia lo que ha escuchado y las viejas ideas prevalecen. Tal indiferencia es el primer aspecto de la ocultación.

23-24

A continuación, con la ayuda de los textos sagrados y el bondadoso maestro, extraña pero sinceramente, cree en la realidad no dual sin embargo, no puede experimentarla profundamente y, como es todavía superficial, exclama: "Esta realidad no brilla externamente" (no es aprehendida). Aquí se da el conocimiento de que no es aprehendida; no obstante, la ilusión de la ignorancia persiste. Este es el segundo aspecto.

25-26

D.: *¿Qué es la proyección?*

M.: A pesar de que él es el Ser inmutable, sin forma, Supremo, Bienaventurado y no dual, el hombre se considera el cuerpo de manos y piernas, el actor y el experimentador; objetivamente ve este y aquel hombre, esta y esa cosa, y es engañado. Este engaño de percibir el universo externo sobre la realidad no dual, de que el universo está cubriendo al Ser, se denomina proyección.

27

D.: *¿Qué es la sobreimposición?*
M.: Confundir algo que es por algo que no lo es; como una cuerda confundida con una serpiente, un poste con un ladrón, un espejismo con agua... La apariencia de una cosa falsa sobre una real, eso es sobreimposición.

28

D.: *¿Qué es la sobreimposición irreal y qué es lo real, sobre lo que se sobreimpone?*
M.: La Existencia-Conocimiento-Bienaventuranza no dual, o el Supremo Brahmán, es la realidad. Del mismo modo que la falsa forma y el nombre de la serpiente se sobreimponen en la cuerda, en la realidad no dual las categorías de los seres animados e inanimados se sobreimponen. De esta manera, los nombres y las formas que constituyen el universo crean la sobreimposición. Este es el fenómeno irreal.
D.: *En la realidad no dual, ¿quién hace que surja esta sobreimposición?*
M.: *Maya.*
D.: *¿Qué es Maya?*

29

M.: Es la ignorancia acerca del referido Brahmán.
D.: *¿Qué es la ignorancia?*

La sobreimposición

M.: A pesar de que el Ser es Brahmán, no existe el conocimiento del Ser como tal. Lo que obstruye ese conocimiento del Ser es la ignorancia.
D.: *¿Cómo es posible que pueda proyectar el mundo?*
M.: De la misma forma que la ignorancia del sustrato, es decir, la cuerda, proyecta la ilusión de la serpiente, así la ignorancia de Brahmán proyecta el mundo.

30

M.: Debe ser considerado una ilusión porque no existe ni antes (de su percepción) ni después (del Conocimiento).
D.: *¿Por qué dice que no existe antes (de su percepción) ni después (de su Conocimiento)?*
M.: Para ser creado, necesariamente no debía existir antes de la creación, es decir, viene a la existencia simultáneamente con la creación o después de ella; en la disolución final no puede existir. Bien, en ese intervalo solamente aparece como una ciudad nacida por encanto en las nubes. Considerando que no es percibido en el sueño profundo, ni en el *samadhi* (estado de supraconciencia), se deduce que incluso ahora es solo una sobreimposición, y por tanto una ilusión.

31

D.: *Si antes de la creación y después de la disolución no hay mundo, ¿qué existe entonces?*
M.: Solo existe la Existencia básica, no ficticia, no dual, indiferenciada, ad-extra y ad-intra, Existencia-Conocimiento-Bienaventuranza, la realidad inmutable.
D.: *¿Cómo se conoce esto?*

M.: En los Vedas se dice: "Antes de la creación solo había puro Ser". El *Yoga Vasishta* también nos ayuda a comprenderlo.
D.: *¿Cómo?*

32

M.: "En la disolución, todo el universo se recoge en sí, quedando solo la realidad única, que permanece inmóvil, más allá de la palabra y el pensamiento, ni oscuridad ni luz, perfecta, nombrable, innombrable, pero no vacía", dice el *Yoga Vasishta*.

33

D.: *En tal no dualidad, ¿cómo puede surgir el universo?*
M.: De la misma forma que la mencionada serpiente. La ignorancia del sustrato real permanece escondida en la cuerda; así, la realidad básica se encuentra escondida en la ignorancia, también llamada *Maya* o *Avidya*. Después esto da lugar a todos los nombres y formas.

34-35

M.: Esta ilusión que depende del irrelacionable Conocimiento-Bienaventuranza-Real tiene los dos aspectos de *avarana* y *vikshepa* (ocultar y proyectar). Por medio del primero oculta y esconde su propio sustrato, y por el segundo *maya* inmanifestado se manifiesta como la mente. Entonces, juega con sus latencias, lo que equivale a proyectar este universo con todos sus nombres y formas.

La sobreimposición

36

D.: ¿*Ha dicho esto alguien antes?*
M.: Sí, Vasishta a Rama.
D.: ¿*Cómo?*

37-44

M.: "Los poderes de Brahmán son infinitos. Entre ellos, ese poder se hace manifiesto brillando externamente a través de él."
D.: ¿*Cuáles son esos diferentes poderes?*
M.: La conciencia de los seres conscientes, el movimiento del aire, la solidez de la tierra, la fluidez del agua, el calor del fuego, el vacío del éter, la tendencia a pudrirse en lo perecedero y muchos otros bien conocidos. Estas cualidades permanecen inmanifestadas y más tarde se revelan. Para ello deben haber estado latentes en el Brahmán no dual, de la misma forma que los preciosos colores del pavo real están latentes en la yema del huevo o el enorme baniano lo está en la diminuta semilla.
D.: *Si todos los poderes permanecen latentes en el único Brahmán, ¿por qué no se manifiestan simultáneamente?*
M.: Mira cómo las semillas de los árboles, plantas, enredaderas, etc., están contenidas en la tierra, pero solo algunas de ellas germinan de acuerdo con la humedad, clima y estación del año. Así, la naturaleza y la extensión de los poderes que se han de manifestar están determinados por las condiciones. Brahmán se une al poder de pensar, y se manifiesta como la mente. Así *maya*, dormida durante tanto tiempo, se convierte de forma repentina en la mente desde el Brahmán Supremo, la

fuente común para todo. Entonces esta mente confecciona todo el universo. Así lo dice Vasishta.

45

D.: *¿Cuál es la naturaleza de esta mente que forma el poder de proyección de* maya?
M.: Es su naturaleza recolectar ideas o latencias. Su contenido son las latencias, y se convierte en la conciencia testimonial en dos modos: "yo" y "esto".
D.: *¿Qué son esos modos?*
M.: Son el concepto del "yo" y los conceptos de "esto", "eso", etc.

46

D.: *¿Cómo se sobreimpone esta yoidad al testigo de la conciencia?*
M.: De la misma forma que la plata se sobreimpone al nácar, haciéndonos creer que hay plata en donde solo hay nácar, la yoidad sobre el testigo básico lo presenta como "yo", esto es, como el ego, como si el testigo no fuera diferente del ego, sino el ego mismo.

47

M.: Igual que una persona poseída por un espíritu es engañada y se comporta enteramente como una persona diferente, así el testigo poseído por la yoidad olvida su propia naturaleza y se conoce a sí mismo como el ego.

La sobreimposición

48

D.: *¿Cómo puede el testigo inmutable confundirse a sí mismo con el ego continuamente cambiante?*

M.: Igual que un hombre en delirio se siente elevar por el aire, un borracho se ve detrás de sí mismo, un loco desvaría incoherentemente, una persona que duerme hace viajes oníricos o un poseído se comporta extrañamente, así el testigo, a pesar de ser inmaculado e inmutable, bajo la influencia maliciosa del fantasma del ego aparece cambiado como el "yo".

49

D.: *¿Presenta la yoidad de la mente al testigo transformado en ego, o aparece ella misma modificada como el ego en el testigo?*

50-51

M.: Esta pregunta no puede aparecer si se piensa que la yoidad no tiene existencia aparte del Ser, no se manifiesta por sí misma. Por lo tanto, lo que ocurre es que se presenta al Ser como si estuviera modificado en el ego.

D.: *Por favor, explíquelo mejor.*

M.: De la misma forma que el factor ignorancia en la cuerda no puede hacer que se proyecte como la serpiente, sino que hace que la cuerda parezca una serpiente. La ignorancia no puede modificar el agua, pero hace que aparezca como espuma, burbujas, olas y resaca. En el fuego, incapaz por sí mismo, hace que este se exhiba como chispas. En el barro hace que parezca como un recipiente. De esta forma, el poder del testigo no puede ya manifestarse a sí mismo, sino que hace que el testigo parezca convertido en el ego.

52-54

D.: *Maestro, ¿cómo se puede decir que a través de* maya *el Ser se fragmenta en egos individuales? El Ser no guarda relación con nada, permanece inmaculado e inmutable como el éter. ¿Cómo puede afectarle* maya*? ¿No le parece absurdo hablar de la fragmentación del Ser de la misma forma que lo es decir: "He visto un individuo tomando espacio y moldeándolo en un hombre" o "He visto un hombre metiendo espacio en una caja"? Ahora estoy inmerso en el océano de* samsara*. Por favor, rescáteme.*

55

M.: *Maya* es llamada *maya* porque puede hacer posible lo imposible. Es el poder que hace ver lo que nunca estuvo ahí, al igual que un mago hipnotizador hace que su público vea una ciudad celestial en el cielo. Si un hombre puede hacer eso, ¿no podrá *maya* hacer esto otro? No hay ningún absurdo en ello.

56-60

D.: *Por favor, explíquemelo mejor.*
M.: Toma como ejemplo el poder del sueño para crear visiones oníricas. Un hombre echado en una cama que se encuentra en una habitación cerrada se duerme, y en su sueño vaga convirtiéndose en las formas de pájaros y bestias. Él está soñando en su casa, pero en el sueño se

encuentra en Benarés o en las playas de Setu. Aunque está durmiendo inmóvil, en su sueño vuela por el aire, cae precipitadamente en un abismo o se corta la mano y la sostiene con la otra. En el sueño mismo no se cuestiona la realidad de este. Todo lo que en él aparece es apropiado, y no se tiene por irreal. Si el simple sueño puede convertir en posible lo imposible, ¿qué hay de admirable en que la todopoderosa *maya* cree este indescriptible universo? Es su misma naturaleza.

61-68

M.: Para ilustrártelo te contaré una historia del *Yoga Vasishta*. Había una vez un rey llamado Lavana, una joya de la dinastía Ikshvaku. Un día, cuando todos estaban reunidos en el salón de la corte, un mago apareció ante él. Rápidamente se acercó al rey y le saludó diciendo: "Su majestad, le voy a mostrar un prodigio, ¡mirad!". En ese momento agitó una pluma de pavo real delante del monarca. Este se quedó deslumbrado, se olvidó de sí mismo y vivió una gran ilusión, como un sueño extraordinario. Vio un caballo delante de él, lo montó y se fue a cazar al bosque. Después de cazar durante largo tiempo, se hallaba sediento. No pudo encontrar agua, por lo que aumentó su cansancio. Justo en ese momento vio una chica de la casta inferior que paseaba por los alrededores con una olla de barro llena de comida ordinaria. Dejándose llevar por el hambre y la sed, dejó de lado todas las restricciones relativas a su casta y su propio sentido de la dignidad, y le pidió comida y bebida a la joven muchacha. Ella le ofreció complacer su petición solo si la convertía en su mujer legítima. El soberano aceptó sin vacilación, tomó la comida y después se fueron a su aldea, donde vivieron como marido y mujer, y tuvieron dos hijos y una hija.

Mientras tanto, el rey permanecía en su trono. En el corto intervalo de una hora y media, había vivido otra existencia completa llena de infelicidad durante muchos años. De este modo Vasishta relata varias historias a Rama con el objetivo de mostrarle el maravilloso juego de *maya*, por el cual lo imposible se convierte fácilmente en posible.

69-70

M.: No hay ilusión que esté más allá de la extensión de la mente, y no hay nadie que no se encuentre engañado por ella. Su característica es llevar a cabo lo que es imposible. Nada puede escapar a su poder. Incluso el Ser, que es siempre inmaculado e inmutable, parece cambiado y trastocado.

D.: *¿Cómo puede ser eso?*

M.: De la misma forma que el espacio, inmaculado y sin color, parece ser azul. El Ser Supremo, a pesar de ser siempre puro, ha sido investido por esta ilusión con un ego y se exhibe como el *jiva*, al igual que Lavana vivió como un desgraciado sin casta.

71

D.: *Si el Ser Supremo tiene asociada la yoidad de la mente, haciendo que se convierta en el* jiva *ilusorio, debe aparecer como un solo jiva (ser individual). Pero hay muchos* jivas. *¿Cómo puede la realidad única manifestar innumerables* jivas?

LA SOBREIMPOSICIÓN

72-74

M.: Tan pronto como la ilusión del *jiva* individual se vuelve operativa en el Ser Supremo, genera de forma natural otros *jivas* ilusorios en el espacio puro del Conocimiento. Si un perro entra en una habitación totalmente forrada de espejos, primero se refleja en un espejo, lo cual, por otra serie de reflejos, hace que haya innumerables perros. Esto hace que comience a gruñirles y quiera pelear con ellos. Lo mismo sucede con el Ser no dual, el éter puro de la Conciencia. La ilusión de un *jiva* se asocia inevitablemente con la ilusión de muchos otros *jivas*.

75-77

M.: También, como tú sabes, el hábito de ver el mundo como yo, él, tú, etc., hace que los que sueñan vean las mismas entidades ilusorias en el sueño. De forma similar, los hábitos acumulados en los pasados nacimientos hacen que el Ser, que es solo Espacio Puro de Conocimiento, vea innumerables *jivas*, incluso ahora. ¿Qué puede estar mas allá del campo de acción de *maya*, que en sí misma es inescrutable? Dicho esto, escucha cómo se crearon los cuerpos y los astros.

78-79

M.: De la misma forma que el Ser Supremo se presenta como "yo" a través de la yoidad de *maya*, se presenta por medio de la dualidad de "esto y eso" como el universo, con todos sus contenidos.
D.: *¿Cómo?*

80-83

M.: En el éter de la conciencia primero aparece la mente. Sus movimientos forman las mencionadas latencias que hacen aparecer las variadas formas ilusorias, tales como "aquí está mi cuerpo con todos sus miembros"; "yo soy este cuerpo"; "mi edad es tal o cual"; "estos son mis amigos y parientes"; "esta es mi casa"; "yo y tú"; "esto y eso"; "bueno y malo"; "goce y dolor"; "atadura y liberación"; "castas, credos y deberes", "Dios, los hombres y las otras criaturas"; "alto, bajo y mediano"; "gozadores y goces"; "muchos miles de esferas planetarias", y muchas otras cosas.

D.: *¿Cómo pueden las latencias aparecer como este vasto universo?*

84

M.: Un hombre que permanece inmóvil durmiendo en sueño profundo es perturbado mentalmente por las latencias que se elevan, y ve visiones oníricas de criaturas y mundos; no son más que las latencias que hay en él. Del mismo modo, en el estado de vigilia es engañado por las latencias que se manifiestan como este universo y sus criaturas.

85

D.: *¡Oh maestro! Los sueños no son más que la reproducción de las impresiones mentales formadas en el estado de vigilia y de sueños pasados. Reproducen experiencias pasadas. Por lo tanto, es correcto considerar a las visiones del sueño como meras creaciones. Si ocurre lo mismo con el mundo de vigilia que* *vemos, debe ser la reproducción de alguna impresión pasada. ¿Cuáles son esas impresiones que dan lugar a las experiencias de la vigilia?*

86

M.: De la misma forma que las experiencias del estado de vigilia dan lugar al mundo de los sueños, las experiencias de las vidas pasadas dan lugar a este mundo del estado de vigilia, no menos ilusorio.

D.: *Si la presente experiencia ha sido el resultado de su precedente, ¿qué causó la precedente?*

M.: La precedente a esa, y así sucesivamente en regresión.

D.: Esto puede extenderse hasta el momento de la creación. En la disolución todas estas impresiones debían haber estado disueltas. ¿Qué queda para dar lugar a una nueva creación?

M.: De la misma manera que tus impresiones almacenadas durante el día permanecen latentes en el sueño profundo y se manifiestan al siguiente día, así las impresiones del ciclo pasado reaparecen en el siguiente. De esta forma las impresiones de *maya* no tienen comienzo, pero aparecen una y otra vez.

87

D.: *Maestro, lo que se experimenta en días anteriores puede ser recordado. ¿Por qué no podemos recordar las experiencias de vidas pasadas?*

88-89

M.: Eso no es posible. Observa cómo las experiencias de vigilia se repiten en el sueño, pero sin embargo son aprehendidas de diferente forma. El sueño oculta los comportamientos originales y los distorsiona, de manera que una misma experiencia, repetida en el sueño, es juzgada de modo diferente, a menudo de forma aberrante. De manera similar, las experiencias de las vidas anteriores se han visto afectadas por los comas y las muertes, de manera que las presentes situaciones son diferentes de las pasadas, y una misma experiencia repetida de distinta forma no puede recordar el pasado.

90

D.: *Maestro, las visiones que tenemos en los sueños son solo creaciones mentales transitorias, por lo que rápidamente se las desecha como irreales. Por lo tanto, se puede decir sin temor a error que son ilusorias. Por el contrario, al mundo de vigilia se lo considera como permanente, y todas las evidencias tienden a probar que es real ¿Cómo puede ser equiparado al de los sueños en su ilusión?*

91-92

M.: En el sueño, las imágenes que percibimos son experimentadas como probables y reales, no se siente que son irreales mientras el sueño dura. De forma similar, a la hora de la experiencia, el mundo de vigilia también es probable y real. Pero cuando despiertes a tu real naturaleza, verás esta también como irreal.

La sobreimposición

D.: *¿Cuál es la diferencia entre el estado de sueño y el de vigilia?*

93

M.: Ambos son solo mentales e ilusorios. No puede haber duda sobre esto. Lo único que ocurre es que el mundo de vigilia es una ilusión de gran extensión y el de los sueños, una corta. Esta es la única diferencia, y nada más.

94

D.: *Si la vigilia es solo un sueño, ¿quién es el que sueña?*
M.: Todo este universo es el producto del sueño del Conocimiento-Bienaventuranza no dual e inmaculado.
D.: *Pero los sueños solo tienen lugar en el sueño. ¿Se ha ido el Ser Supremo a dormir para ver estos sueños?*
M.: Nuestro sueño corresponde a su ignorancia, que oculta su real naturaleza desde tiempo inmemorial. Así sueña él el sueño de este universo. De la misma forma que el que sueña se engaña pensando que es él quien experimenta sus sueños, el Ser inmutable es por una ilusión convertido en *jiva* que experimenta este *samsara*.

95

Viendo el cuerpo onírico, sus sentidos, etc., el *jiva* se engaña en la creencia de que él es el cuerpo, los sentidos, etc., y con ellos gira a través de los estados de vigilia, sueño y sueño profundo. Esto es el *samsara*.

96-98

D.: ¿Qué es el jagrat *(estado de vigilia)*?

M.: Es el fenómeno en el cual la yoidad, junto con los otros modos de la mente y los objetos vinculados, entran en relación. La yoidad en el cuerpo denso se denomina *visva*, el experimentador del estado de vigilia.

D.: ¿Qué es el sueño?

M.: Después de que los sentidos se retraen de las actividades externas, quedan en recuerdo las impresiones formadas por los modos mentales del estado de vigilia, que se reproducen como visiones en los sueños. El experimentador de este estado sutil es denominado *taijasa*

D.: ¿Qué es sueño profundo ¿susupti?

M.: Cuando todos los modos mentales permanecen dormidos en la ignorancia causal, se dice que se está sumido en un sueño profundo. Aquí el experimentador, conocido como *prajña*, tiene la bienaventuranza del Ser.

99

El *jiva* gira en este tiovivo debido a la operación del *karma* pasado, que le da las experiencias de la vigilia, el sueño y el sueño profundo. Esto es el *samsara*. De la misma forma, el *jiva* se ve sujeto a nacimientos y muertes por la operación de su karma pasado.

100

M.: No obstante, solo son meras apariencias de la mente engañada. Él parece nacer y parece morir.

La sobreimposición

D.: ¿*Cómo pueden ser ilusorios la muerte y el nacimiento?*
M.: Escucha atentamente lo que te voy a decir.

101-103

M.: De la misma forma que el *jiva* es vencido por el sueño y la conducta ordinaria de vigilia da paso a otras nuevas en el mundo del sueño para reproducir experiencias pasadas, o hay pérdida total de todo lo externo y de toda actividad mental (sueño profundo), así, cuando (el *jiva*) es dominado por el coma antes de la muerte sus modos de conducta se pierden, y la mente permanece como dormida. Esto es la muerte. Cuando la mente vuelve a asumir la reproducción de experiencias pasadas en nuevas situaciones, se dice que ha tenido lugar el nacimiento.

El proceso de nacimiento comienza con la imaginación del individuo de "aquí está mi madre. Me encuentro en su vientre. Mi cuerpo tiene estos miembros". Con el paso del tiempo, se imagina que sale al mundo, y se dice a sí mismo: "Este es mi padre. Yo soy su hijo. Mi edad es tal. Estos son mis parientes y mis amigos. Esta bonita casa es mía". Estas series de nuevas ilusiones comienzan con la pérdida de las anteriores a la muerte y dependen de los resultados de las acciones pasadas.

104-107

El *jiva*, vencido por el irreal coma anterior a la muerte, tiene diferentes ilusiones de acuerdo con sus actos pasados. Después de la muerte cree: "Aquí está el cielo. Es realmente encantador. Yo estoy en él. Soy ahora un maravilloso ser celestial, de forma que las damiselas celestiales están a mi servicio. Tengo néctar para beber", o "Aquí está la región de la muerte. Estos son los mensajeros de la muerte. ¡Oh, son muy crueles y me llevan al infierno!" o "Aquí está la región de los *pitris* (antepasados)", o de Brahma, o Vishnú, o Shiva, etc. Todo esto, según su naturaleza. Las latencias de su karma pasado se presentan ante el Ser, quien permanece inmaculado e inmutable como el espacio de la Conciencia, ante las ilusiones de nacimiento, muerte, ida al cielo, al infierno u otras regiones. Son solo ilusiones de la mente, irreales.

108

M.: En el éter del Ser de la Conciencia no existe el fenómeno del universo como algo real, sino como una ciudad ilusoria en medio del cielo. El universo está construido por nombres y formas, y nada más.

109

D.: *Maestro, no solo yo, sino todos los demás, experimentamos directamente este mundo de seres vivientes e inanimados, y lo tomamos por empírico y real, ¿Cómo se puede decir que sea irreal?*

110

M.: El mundo, con todo su contenido, es solo una sobreimposición en el éter de la Conciencia.
D.: *¿Qué es lo sobreimpuesto?*
M.: La ignorancia del Ser.
D.: *¿Cómo es sobreimpuesta?*

M.: Como una pintura de seres animados e inanimados que representan unas escenas sobre un fondo.

111

D.: *Las Escrituras declaran que todo este universo fue creado por el deseo de Ishvara (el controlador Supremo); por el contrario, usted asegura que es fruto de la propia ignorancia. ¿Cómo pueden reconciliarse ambas afirmaciones?*

112

M.: No hay contradicción. Lo que las Escrituras dicen de que Ishvara, por medio de *maya*, creó los cinco elementos y los mezcló de diferentes formas para conseguir las diversidades del universo, es todo mentira.
D.: *¿Cómo pueden las Escrituras decir algo que es falso?*
M.: Ellas guían al ignorante y no quieren decir lo que parece.
D.: *¿Cómo es eso?*
M.: Debido a que el hombre ha olvidado su verdadera naturaleza de omniperfecto éter de Conciencia, es engañado por la ignorancia identificándose con un cuerpo, y considerándose a sí mismo un individuo de humilde capacidad. Si se le dice que es el creador del universo entero, se mofará de la idea y rehusará que lo guíen. De esta forma, las Escrituras le revelan la verdad al buscador competente. Ahora, estás confundiendo un cuento infantil con una verdad metafísica. En esto debes recordar el cuento del niño del *Yoga Vasishta*.

113-128

D.: *¿Cómo es?*

M.: Es una bonita historia para ilustrar la vacuidad de este universo. Escuchándola, las falsas nociones de que el mundo es real, una creación de Ishvara, desaparecerán. Resumiéndola, la historia es como sigue:

Un niño le preguntó a su nodriza si le podía contar algún cuento interesante. Ella le relató lo siguiente: "Había una vez un rey muy poderoso, cuya madre era estéril. Regía en los tres mundos, para cuyos gobernantes su palabra era ley. El soberano tenía extraordinarios poderes de ilusión para crear, mantener y destruir mundos. A su antojo, podía cambiar de cuerpo: blanco, amarillo o negro. Cuando empleó el amarillo, tuvo el deseo de crear, como un mago, una ciudad. Así lo hizo. El niño le preguntó: "¿Dónde está esa ciudad?" La nodriza contestó: "Está colgando en medio del cielo". El niño también le preguntó: "¿Cómo se llama?" La nodriza respondió: "Irrealidad absoluta". Por último, el niño le preguntó: "¿Cómo es?" La nodriza le contestó: "Tiene catorce carreteras principales, cada una de ellas dividida en tres secciones, muchos jardines encantadores, enormes mansiones y siete estanques muy lujosos adornados con hileras de perlas. Dos lámparas, una fría y la otra caliente, iluminan continuamente la ciudad. En ella el hijo de la mujer estéril construyó hermosas casas, algunas arriba, otras en el medio y las demás en la parte más baja. Cada una de ellas tiene un tejado de terciopelo, nueve entradas, algunas ventanas para que entre la brisa, cinco lámparas, tres columnas blancas y paredes bellamente enyesadas. Con su magia creó temibles fantasmas, uno para guardar cada casa. De la misma forma que un pájaro entra en su nido, él entra en cualquiera de esas casas a voluntad y se divierte según su deseo.

129-134

La nodriza continuó: "Con su cuerpo negro las protege por medio de los fantasmas guardianes. Con su cuerpo blanco las reduce instantáneamente a cenizas. Este hijo de una madre estéril, que como un tonto produce, protege y destruye repetidamente la ciudad a su antojo, estaba una vez cansado después de su trabajo. Se bañó en las aguas secas de un espejismo y se puso, muy vanidosamente flores recogidas del cielo. Yo lo he visto: vendrá pronto aquí para regalarte cuatro collares de gemas hechas con el brillo de fragmentos rotos de cristal y ajorcas de plata y nácar".
El niño, que creyó todo lo que le decía, quedó satisfecho. Igual sucede con el tonto que toma este mundo como real.

135-142

D.: *¿De qué manera ilustra esta historia la cuestión?*
M.: El niño del cuento es el hombre ignorante del mundo. La nodriza es la Escritura que habla de la creación de Ishvara. El hijo de la madre estéril es el Ishvara nacido de *maya*. Sus tres cuerpos son las tres cualidades de *maya*. Su asunción de los diferentes cuerpos son los aspectos de Brahma, Vishnú o Rudra. Con el cuerpo amarillo, Brahma, que es el hilo que atraviesa todo el

universo, crea en el éter de la Conciencia la ciudad de catorce carreteras en medio del firmamento; su nombre es Irrealidad Absoluta. Las mencionadas carreteras son los catorce mundos; los jardines encantadores, los bosques; las mansiones, las hileras de montañas; las dos lámparas, el sol y la luna; los lujosos estanques adornados con hileras de perlas, los océanos en donde tantos ríos confluyen.

143-149

M.: Las casas construidas en un lugar elevado, medio y bajo, los cuerpos de los seres celestiales, de los seres humanos, y de los animales; las tres columnas blancas, el esqueleto hecho de huesos; el enyesado de las paredes, la piel; El tejado negro, la cabeza con su pelo; las nueve puertas de entrada, los nueve pasajes del cuerpo; las cinco lámparas, los cinco sentidos, y el fantasma guardián el ego.

Pues bien, Ishvara, el rey que es hijo de una mujer estéril llamada *maya*, tras construir las casas de los cuerpos entra en ellas como un *jiva*, se divierte en compañía del fantasma del ego y se mueve sin un fin determinado.

150-154

M.: Con el cuerpo negro funciona como Vishnú, llamado también *Virat*, que sostiene el universo. Con el blanco, como *Rudra*, el Destructor, el morador interno en todo, y que introvierte todo el universo en sí mismo. Este goce es mencionado como el baño refrescante en las aguas del espejismo. Su orgullo es debido a su soberanía. Las flores del cielo son sus atributos de omnisciencia y omnipotencia. Las aljorcas son el cielo y el infierno. Los cuatro collares de cristal brillante son los cuatro estados de *mukti* (liberación): *salokya*, *samipya*, *sarupya* y *sayujya* (igualdad y otras condiciones). La esperada llegada del rey para dar los regalos es una imagen de la adoración, que satisface las oraciones de los devotos.

El ignorante que estudia la Escritura se engaña por su incomprensión en la creencia de la realidad del mundo.

155

D.: *Si el cielo, el infierno y* mukti *(los cuatro estados de beatitud) son falsos, ¿por qué una parte de las Escrituras prescribe métodos para obtener el cielo o la beatitud?*

156-158

M.: Viendo que su hijo está sufriendo de dolor de estómago, la madre experta, deseosa de darle pimienta, pero consciente del rechazo del niño hacia el sabor picante y de su gusto por la miel, amablemente lo engatusa dándole un poco de miel en la boca antes de administrarle la pimienta. De la misma forma, las Escrituras, en su misericordia, viendo al estudiante ignorante sufrir en el mundo, deseosas de hacerle realizar la Verdad pero conscientes de su amor por el mundo y de su rechazo a la realidad no dual, que es sutil y difícil de comprender, la mezclan dulcemente con los placeres celestiales y le presentan estos antes de mostrarle la realidad no dual en su desnudez.

159

D.: ¿Cómo pueden las ideas del cielo, etc., llevarle hacia la realidad no dual?

M.: Por medio de buenas acciones se gana el cielo. Por medio de las austeridades y la devoción, las beatitudes. Conociendo esto, el hombre practica aquello hacia lo cual siente atracción. Por la práctica repetida en varias vidas su mente se vuelve pura y evita los goces de los sentidos para recibir la más alta enseñanza de la realidad no dual.

160

D.: Maestro, admítase que el cielo, el infierno, etc., sean falsos, pero ¿cómo puede Ishvara, tan mencionado en las Escrituras, ser declarado irreal?

161

M.: Los pasajes que explican la gloria de Ishvara están seguidos de otros que afirman que es un producto de *maya*, y el *jiva* un producto de la ignorancia.

D.: ¿Por qué se contradicen las Escrituras con pasajes de diferente significación?

M.: Su propósito es el de purificar la mente del estudiante por su propio esfuerzo, con actos tales como buenas acciones, austeridades y devoción. Con el fin de engatusarlo, se le dice que estas actividades le traerán goces. Al ser inanimadas, no pueden por sí mismas producir frutos. De modo que un todopoderoso Ishvara aparece en escena. Después, la Escritura manifiesta que Ishvara, el *jiva* y *jagat* (universo) son igualmente falsos.

162

Ishvara, producto de la ilusión, no es más real que las imágenes de un sueño, producto de la mente del soñador. Tiene la misma categoría que el jiva, producto de la ignorancia, o que las imágenes del sueño, producto de quien sueña.

163-168

D.: *Las Escrituras aseguran que Ishvara es el producto de* maya. *¿Cómo puede decir que lo es de la ignorancia?*
M.: La ignorancia del Ser puede ser singular o total, de la misma forma que hablamos de árboles o de un bosque. La ignorancia total de todo el universo se denomina *maya*. Su producto, Ishvara, funciona como *virat* en el universo de vigilia, como *hiranyagarbha* en el universo del sueño y como el morador interno en el sueño profundo universal. Es omnisciente y omnipotente. Comienza con el deseo de crear y termina con su entrada en todas las criaturas. Esto constituye su *samsara*. La ignorancia individual se llama ignorancia simplemente. Su producto, el *jiva*, funciona como *visva*, *taijasa* y *prajna*, en los estados de vigilia, de sueño y de sueño profundo, respectivamente. Su conocimiento y capacidad son limitados. Se dice que es el actor y el que goza. Su *samsara* consiste en todo lo que media entre su actual estado de vigilia y la liberación final. En este sentido las Escrituras ponen claramente de manifiesto que Ishvara, el *jiva* y el *jagat* son todos ilusorios.

169-173

D.: *Bien, maestro, de la misma forma que la ignorancia de la cuerda puede dar lugar a la ilusión de la serpiente, la ignorancia propia puede desplegar la ilusión de uno mismo como* jiva. *Pero ¿cómo puede extenderse hasta formar también las ilusiones de Ishvara y del* jagat?

M.: La ignorancia no tiene partes; actúa como un todo y produce las tres ilusiones a la vez. Cuando el *jiva* es manifestado en el estado de vigilia, Ishvara y jagat también lo son. De la misma manera que el jiva es disuelto, también lo son los demás. Esto es comprobable por nuestra experiencia en los estados de vigilia y de sueño, como también lo es su desaparición en el sueño profundo, los desfallecimientos, la muerte y el *samadhi* (estado de supraconciencia).

Es más, simultáneamente con la aniquilación final, por medio del conocimiento, de la identificación con el *jiva*, los demás también fenecen de forma definitiva. Los sabios, cuya ignorancia ha sido completamente destruida junto con todas las ilusiones que la acompañan y que son conscientes solo del Ser, experimentan la realidad no dual. Por lo tanto, está claro que la ignorancia del Ser es la raíz de las tres ilusiones: *jiva*, *jagat* e Ishvara.

174

D.: *Maestro, si Ishvara es la ilusión de la ignorancia, debería manifestarse como tal. Por el contrario, aparece como el origen del universo y nuestro creador. No parece razonable decir que Ishvara y el* jagat *son productos ilusorios. En lugar de parecer nuestra creación, parece nuestro creador. ¿No es contradictorio?*

La sobreimposición

175-177

M.: No. En un sueño vemos a nuestro padre, que hace tiempo que ha muerto. A pesar de que es creado como algo ilusorio en el sueño, creemos que es nuestro padre y que somos su hijo, y que hemos heredado la propiedad de nuestro padre, que también es nuestra propia creación en el sueño. Observa cómo en el sueño creamos individuos y cosas, nos relacionamos con ellos y creemos que estaban ya antes ahí. De igual manera sucede con Ishvara, el *jagat* y el *jiva*. Esto es solo un truco de *maya*, que puede hacer lo imposible.

D.: *¿Por qué es* maya *tan poderosa?*

M.: No es de extrañar. Mira cómo un hipnotizador común puede hacer ver a todo su público un maravilloso castillo en medio del aire, o cómo tú mismo puedes crear un mundo fantástico en tus sueños. Si eso es posible para individuos de capacidad ordinaria, ¿cómo no iba a ser posible para *maya*, la causa material de todo lo demás? Para concluir, todos, incluidos Ishvara, el *jagat* y el *jiva*, son apariciones ilusorias resultantes de la propia ignorancia, y que son sobreimpuestas en la única realidad, el Ser.

Todo lo dicho nos lleva a considerar los medios de eliminar esta sobreimposición.

CAPÍTULO II
LA SUPRESIÓN DE LA SOBREIMPOSICIÓN
(Apavada)

1

D.: *Maestro, si se admite que la ignorancia no tiene comienzo, se deduce que no tiene final. ¿Cómo puede ser disipada la ignorancia que no tiene comienzo? Al ser un océano de misericordia, seguramente me lo podrá explicar.*

2

M.: Sí, hijo mío, eres inteligente y puedes comprender las cosas sutiles. Has dicho bien.
Verdaderamente, la ignorancia no tiene comienzo, pero tiene un final. Se dice que el amanecer de la comprensión del Ser es el final de la ignorancia. De la misma forma que la salida del sol disipa la oscuridad de la noche, la luz del conocimiento disipa la oscuridad de la ignorancia.

3-4

Para evitar la confusión, todo cuanto existe en este mundo puede ser considerado analizando sus características individuales bajo las siguientes categorías: causa, naturaleza, efecto, límite y fruto. Pero la realidad trascendental, que se encuentra más allá de todo ello, no se ve afectada. Por otra parte, todo lo demás, de *maya* en adelante, al hallarse incorrectamente localizado en tal realidad, está sujeto al anterior análisis.

5

De todo esto, *maya* no tiene causa antecedente porque no es el producto de algo que haya precedido, sino que permanece en Brahmán, autoevidente y sin comienzo. Antes de la creación no pudo haber causa para su manifestación; sin embargo, se manifiesta, y por lo tanto debe ser por sí misma.

6

D.: *¿Hay alguna autoridad que corrobore este juicio?*
M.: Sí, las palabras del *Yoga Vasishta*. Dice así: "De la misma manera que las burbujas aparecen espontáneamente en el agua, el poder de manifestar nombres y formas emerge del todopoderoso y perfecto Ser trascendental".

7-9

D.: Maya *no puede carecer de causa. De igual modo que el barro no puede convertirse en una vasija sin la actuación del* *alfarero, el poder que permanece inmanifiesto en Brahmán solo puede manifestarse por el deseo de Ishvara.*

M.: En la disolución solo queda el Brahmán no dual, y no Ishvara. Por lo tanto, su deseo tampoco existe. Cuando se dice que en la disolución todo se retrae de la manifestación y que todo queda inmanifestado, significa que los *jivas*, Ishvara y el universo no se han manifestado. Un Ishvara inmanifestado no puede ejercer su poder. Lo que ocurre es lo siguiente: de la misma forma que el poder onírico del sueño se despliega en imágenes, el poder latente de *maya* se despliega a sí mismo como la pluralidad, que consiste en Ishvara, su poder, el universo y los *jivas*. Ishvara es de esta manera el producto de *maya*, y no puede ser el origen de su origen. *Maya* por lo tanto no tiene antecedente causal. En la disolución solo permanece el Ser puro, desprovisto de deseo y sin cambio posible. Hasta aquí *maya* permanece inmanifestada, pero ahora se manifiesta como la mente. Por medio del juego de la mente aparece la pluralidad, los *jivas*, los mundos e Ishvara, como si de magia se tratase. *Maya* manifestada es la creación, y *maya* inmanifestada es la disolución. Así, según su voluntad, *maya* aparece y desaparece por lo tanto, no tiene principio. Por todo esto, decimos que no hay causa antecedente para ella.

10-11

D.: *¿Cuál es su naturaleza?*
M.: Es *anirvachaniyam* (inexpresable). Dado que su existencia es posteriormente invalidada, no es real, y dado que es experimentada, no es absolutamente irreal, y

tampoco es una mezcla de real e irreal. Por lo tanto, los sabios dicen que es indescriptible.

D.: *Bien, ¿qué es real y qué es irreal?*

M.: El sustrato de *maya*, Ser puro o Brahmán, lo cual es no dual, es real. El fenómeno ilusorio, consistente en nombres y formas se denomina universo y es irreal.

D.: *¿Cuál puede decirse que es* maya*?*

M.: Ninguno de los dos. Es diferente del sustrato real y también del fenómeno irreal.

D.: *Por favor, explíqueme esto.*

12-17

M.: En una hoguera, el fuego es su sustrato. Las chispas salen de él. Son modificaciones del fuego, no se ven en el fuego, sino que salen de él. La observación de este fenómeno nos hace creer que existe un poder inherente en el fuego para producir chispas. El barro es el sustrato. Una esfera redonda con un cuello y una boca sale de él, y se denomina vasija. Este hecho nos permite inferir que hay un poder que no es ni el barro ni la vasija, que es diferente de ambos.

El agua es el sustrato, y las burbujas son los efectos. Se infiere un poder diferente de ambos.

Un huevo de serpiente es el substrato, y una serpiente joven es el producto. Se puede inferir un poder que es diferente del huevo y de la serpiente.

Una semilla es el sustrato, y el brote es el efecto. Se puede inferir un poder diferente de la semilla y del brote.

El cambiante *jiva* del sueño profundo es el sustrato, y el sueño es el efecto. Un poder diferente del jiva y del sueño es inferido cuando uno se despierta.

Así mismo el poder que permanece latente en Brahmán produce la ilusión del universo. El sustrato de este poder es Brahmán, y el universo es el efecto. Este poder no puede pertenecer a ninguno de los dos, sino que debe ser diferente. No puede ser definido. De todas formas, existe. Permanece inescrutable. Por lo tanto, se dice que la naturaleza de *maya* es inescrutable.

18-20

D.: *¿Cuál es el efecto de* maya?

M.: Consiste en presentar la ilusión del *jiva*, de Ishvara y el *jagat* sobre el sustrato no dual de Brahmán, por medio de sus poderes de ocultar y proyectar.

D.: *¿Cómo?*

M.: Tan pronto como el poder que permanece latente se manifiesta como la mente, hace que las impresiones acumuladas (latencias) en esta germinen y crezcan como árboles que juntos constituyen el universo. La mente juega con sus latencias. Se incorporan como pensamientos y materializan el universo, que de esta forma no es más que una visión onírica. Los *jivas* e Ishvara, al ser sus contenidos, son tan ilusorios como este sueño de todos los días.

D.: *Por favor, explique su carácter ilusorio.*

M.: El mundo es un objeto, y es considerado el resultado del juego de la mente. Los *jivas* e Ishvara están contenidos en él. Las partes solo pueden ser tan reales como el todo. Imagina que el universo está pintado en colores sobre un muro. Los *jivas* e Ishvara serán dibujos de la pintura, que solo pueden ser tan reales como la pintura misma.

21-24

El universo es en sí mismo producto de la mente, e Ishvara y los *jivas* son parte de él. Por tanto, son proyecciones mentales, y nada más. Está claramente expresado en la *Sruti* (Escritura revelada) cuando dice que *maya* dio lugar a las ilusiones de Ishvara y de los *jivas*, y también en el *Yoga Vasishta,* en donde Vasishta explica cómo, por encanto, las latencias danzan en la mente como "yo", "esto", "eso", "mi hijo", "mis propiedades", etc.

25-27

D.: *¿Dónde habla esta* Smriti *(Escritura) de Ishvara,* jiva *y* jagat*?*

M.: En la declaración *sohamida,* es decir, "él-yo-esto", "él" significa el nunca visto, Ishvara; "yo" es el *jiva*, que alardea de ser el ego, el actor, y "esto" abarca todo el universo objetivo. De las Escrituras, el razonamiento y la experiencia, se deduce que el *jiva*, Ishvara y el universo son solo proyecciones mentales.

28-29

D.: *¿Cómo ratifican la experiencia y la lógica razonada este punto de vista?*

M.: Con la aparición de la mente en los estados de vigilia y de sueño, las latencias comienzan a actuar, y el *jiva*, Ishvara y el *jagat* aparecen. Con el apaciguamiento de las latencias, como sucede en el sueño profundo, los desmayos, etc., desaparecen. Esto entra dentro de la experiencia de todos.

Asimismo, cuando las latencias son arrancadas de raíz por el conocimiento, los *jivas*, Ishvara y el *jagat* desaparecen para siempre. Esto entra dentro de la experiencia del gran sabio de visión perfecta, completamente establecido en la realidad no dual, más allá de los *jivas*, Ishvara y el *jagat*. Por lo tanto, decimos que son todo proyecciones de la mente. De esta forma queda explicado el efecto de *maya*.

30-32

D.: *¿Cuál es el límite de* maya*?*

M.: Es el conocimiento que resulta de una inquisición en el sentido del *Mahavakya* (sentencias védicas del Upanishad), debido a que *maya* es ignorancia, y esta subsiste cuando no hay inquisición. Cuando la no inquisición da paso a la inquietud por conocer, surge el conocimiento correcto que pone fin a la ignorancia.

Ahora escúchame. Los achaques del cuerpo son debidos al karma pasado, subsisten con una mala dieta y aumentan si la mencionada dieta se mantiene. La ignorancia de la cuerda, mientras no es analizada, proyecta una serpiente a nuestra visión y otras alucinaciones como acompañamiento. De la misma manera, aunque *maya* es autoevidente, sin comienzo y espontánea, subsiste en la ausencia de inquisición acerca de la naturaleza del Ser, manifestando el universo, etc., creciendo cada vez más.

33-35

Con la aparición de la inquisición, *maya*, que se había hecho fuerte por su ausencia, pierde su medio de alimentación y gradualmente va marchitando sus efectos, es decir, el universo, etc. De la misma forma que en la ausencia de inquisición el factor ignorancia hace que la cuerda parezca una serpiente, y que esta última desaparezca repentinamente ante la investigación, *maya* crece en la ignorancia y después desaparece cuando surge la inquisición. De igual modo que la cuerda-serpiente y el poder que produce esta ilusión persisten antes de la inquisición, pero después de esta solo queda la cuerda, *maya* y su efecto, el *jagat*, persisten antes de la inquisición, pero después terminan siendo puro Brahmán.

36-38

D.: *¿Cómo puede una sola cosa aparecer de dos formas diferentes?*
M.: Brahmán, el Ser puro y no dual, se presenta como el *jagat* antes de la inquisición y se muestra en su propia naturaleza después de la inquisición.

Observa cómo, antes de una correcta observación, el barro aparece como una vasija y, después, como barro solamente. El oro aparece como un ornamento y, después, como oro solo. Esto ocurre igualmente con Brahmán. Después de la inquisición, Brahmán se realiza como unidad, no dual, impartito e inmutable en pasado, presente y futuro. En él no hay nada como *maya* o su efecto, el universo cambiante. Esta realización se conoce como Conocimiento Supremo y límite de la ignorancia. De esta forma queda descrito el límite de *maya*.

LA SUPRESIÓN DE LA SOBREIMPOSICIÓN

39

D.: *¿Cuál es el fruto de* maya?

M.: Que su infructuosa naturaleza se desvanezca en nada es su fruto. "El cuerno de una liebre" es un mero sonido carente de significado. De igual forma, es *maya* un mero sonido sin significado. Los sabios realizados lo han hallado así.

40-43

El ignorante se cree que es real, por eso no está de acuerdo con este punto de vista. Quienes son meditativos dirán que es indescriptible. Los sabios realizados dirán que es no-existente como los cuernos de una liebre. Así, aparece de éstas tres formas, y la gente hablará de Maya desde su propio punto de vista.

D.: *¿Por qué el ignorante la considera real?*

M.: Cuando se le dice a un niño, con el fin de asustarle, que hay un fantasma en la otra habitación, lo toma como cierto. De manera similar, los ignorantes se quedan deslumbrados por *maya* y la consideran real. Aquellos que investigan sobre la naturaleza de Brahmán y del irreal *jagat* a la luz de las Escrituras, que consideran a *maya* diferente de ambos y son incapaces de determinar la naturaleza de esta última, afirman que es indescriptible. Pero los sabios que han conseguido el Conocimiento Supremo a través de la inquisición declaran: "Como una madre reducida a cenizas por su hija, *maya* reducida a cenizas por el Conocimiento es no existente para siempre."

44-46

D.: *¿Cómo puede* maya *ser comparada a una madre quemada hasta las cenizas por su hija?*

M.: En el proceso de inquisición, *maya* se hace cada vez más transparente y se convierte en el Conocimiento. El Conocimiento obtenido de esta forma se puede decir que nace de *maya*, y por lo tanto que es su hija. *Maya*, floreciendo durante tanto tiempo por la no inquisición, llega a sus últimos días con la inquisición. De igual manera que un cangrejo de mar muere al traer a la existencia a sus crías, en los últimos días de la inquisición *maya* da a luz al Conocimiento para su propia destrucción. Inmediatamente la hija, el Conocimiento, la reduce a cenizas.

D.: *¿Cómo puede la progenie matar a sus padres?*

M.: En los bosques de bambú, las cañas son movidas por el viento, se rozan unas contra otras y producen un fuego que quema a las más viejas. Igualmente el Conocimiento nacido de *maya* la reduce a cenizas. *Maya* queda solo como un nombre, al igual que los cuernos de una liebre. Por lo tanto, los sabios declaran que es no existente. Por otra parte, su nombre implica su irrealidad. Sus nombres son *avidya* y *maya*. El primero significa "ignorancia, o aquello que no es" *(ya na vidyate avidya),* y el segundo, significa "aquello que no es" *(ya ma samaya)*. Por lo tanto, es una simple negación. Así, el que hace que se desvanezca por no ser capaz de dar su fruto es su propio fruto.

LA SUPRESIÓN DE LA SOBREIMPOSICIÓN

47-49

D.: *Maestro,* maya *se convierte en el Conocimiento. Por lo tanto, no se puede decir que se desvanezca como si nada.*

M.: Solo si el Conocimiento, la maya modificada, fuera real, se podría decir que maya es real. Pero este Conocimiento es en sí mismo falso, por lo que maya es falsa.

D.: *¿Por qué se dice que el Conocimiento es falso?*

M.: El fuego producido por la fricción de las cañas las quema y después desaparece. El polvo limpiador de la semilla de kataka se lleva consigo las impurezas del agua y después reposa con ellas. De forma similar, este conocimiento destruye la ignorancia y después perece. Dado que finalmente desaparece, el "fruto" de maya no es más que una irrealidad.

50-52

D.: *Si el Conocimiento también desaparece al final, ¿cómo puede erradicarse el* samsara, *el efecto de la ignorancia?*

M.: El samsara, el efecto de la ignorancia, es irreal como el Conocimiento. Una irrealidad puede ser deshecha por otra irrealidad.

D.: *¿Cómo puede hacerse esto?*

M.: El hambre que experimenta un sujeto en su sueño es satisfecha por la comida del sueño. Una es tan irreal como la otra sin embargo, ambas sirven a su propósito. Del mismo modo, a pesar de que el Conocimiento es irreal, sirve para su propósito. Esclavitud y libertad son falsas ideas propias de la ignorancia. Igual que la aparición y la desaparición de la serpiente en la cuerda, así son la esclavitud y la liberación en Brahmán, únicamente ideas falsas.

54-55

Para concluir, la Verdad Suprema es solo Brahmán no dual. Todo lo demás es falso y nunca existe. La *Sruti* lo apoya diciendo: "Nada es creado o destruido, no hay ni esclavitud ni liberación, nadie está atado ni deseoso de liberación. Esta es la Verdad Suprema." El conocimiento de la realidad consiste en la supresión de la sobreimposición, más allá de *maya* y sus efectos. Su realización es la liberación en vida y en el *jivanmuki* (cuerpo).

56

Solo un cuidadoso estudiante de este capítulo puede desear conocer el proceso de inquisición sobre el Ser como un medio de deshacer la sobreimposición de la ignorancia. El buscador debe poseer las cuatro cualidades que serán expuestas en detalle en el próximo capítulo. Después vendrá el método. Un estudiante competente ha de estudiar muy bien estos dos capítulos antes de proseguir.

CAPÍTULO III
LOS MEDIOS PARA LA REALIZACIÓN
(SADHANA)

1

A la pregunta: "¿Cómo puede haber *samsara* para el Ser Supremo de Existencia-Conocimiento-Bienaventuranza?", los sabios responden: "El poder del Ser, cuando es inmanifiesto, se denomina *maya*; cuando es manifiesto, es la mente. Este modo de *maya*, la mente inescrutable, es el brote del *samsara* para el Ser".

D.: *¿Quién ha dicho que la mente es indescriptible?*

2-3

M.: Vasishta se lo dijo a Rama. En la Conciencia no dual, la *bhava* (entidad) que, diferente del Conocimiento, real, y diferente de lo inanimado, irreal, tiende a crear, proyecta las latencias (esto y aquello), mezcla juntas la conciencia y la inconsciencia, y las hace aparecer bajo las categorías de animado e inanimado; la mente es de la naturaleza de ambas, y siempre oscilando y mutando. Por lo tanto es indescriptible.

4

M.: A pesar de ser en sí mismo inmutable, el Ser Supremo asociado con la mente erróneamente sobreimpuesta aparece como mutable.

D.: *¿Cómo es así?*
M.: De la misma forma que un brahmín borracho se comporta de forma rara bajo el influjo de los licores, el Ser, a pesar de ser inmutable por naturaleza, al estar asociado con la mente aparece como un *jiva*, encenagándose en este *samsara*. Por lo tanto, el *samsara* del Ser es la mente, y no otro. Las *Srutis* lo dicen así.

5

La mente, al ser el *samsara*, debe investigarse. Asociado con la mente, que de acuerdo con sus modos asume las formas de los objetos, el hombre parece sufrir los mismos cambios. Este secreto eterno es revelado en el *Maitraniya Upanishad*. También lo confirma nuestra experiencia, así como la *anvaya vyatireko* (inducción positiva y negativa).

6-7

D.: *¿Cómo lo confirma nuestra experiencia?*

M.: En sueño profundo la mente permanece en calma, el Ser permanece sin cambio y sin *samsara*. Cuando se halla en sueño con imágenes y en el estado de vigilia, la mente se manifiesta, el Ser parece tomado y es atrapado en el *samsara*. Todos lo conocemos por experiencia. Es evidente por la Sruti, la Smriti, la lógica y la experiencia que este *samsara* no es más que la mente. ¿Cómo se puede discutir este punto que es tan obvio?

8-9

D.: *¿Cómo enreda la mente al Ser en su asociación con el samsara?*

M.: La mente, cuya naturaleza es la de estar continuamente pensando en esto y aquello, funciona de dos formas: como el modo "yo" y como el modo "esto", tal como fue mencionado en el capítulo primero, que trata acerca de la sobreimposición. De esos dos, el modo "yo" solo tiene un único concepto, "yo", mientras que el modo "esto" varía según la cualidad operante en ese momento, *satva, rajas* y *tamas,* es decir, pureza, actividad y pereza, respectivamente.

D.: *¿Quién ha dicho esto antes?*

10-11

M.: Sri Vidyaranya Swami dijo que la mente tiene estas cualidades, y que por lo tanto cambia. Con *satva* se manifiestan el desapasionamiento, la paz, la beneficencia, etc.; con *rajas* aparecen el deseo, la ira, la avaricia, el miedo, el esfuerzo, etc., y con *tamas,* la confusión, la dejadez, la pereza, etc.

12-14

M.: El Ser, Conocimiento puro por naturaleza, cuando es asociado con la mente cambia de acuerdo con la cualidad operativa, identificándose con ella.
D.: *¿Cómo puede ser eso?*
M.: Puedes ver cómo el agua es de por sí fresca e insípida. Sin embargo, por asociación puede ser caliente, dulce, amarga, agria, etc. De forma similar, el Ser, Existencia-Conocimiento-Bienaventuranza por naturaleza, cuando es asociado con el modo "yo" aparece como el ego. Igual que el agua fría en asociación con el calor se calienta, el bienaventurado Ser en unión con el modo "yo" se convierte en el ego cargado de miserias. De la misma manera que el agua, originalmente insípida, se hace dulce, amarga o agria, según sus asociaciones, el Ser puro de Conocimiento aparece como desapasionado, pacífico o benéfico, o pasional, violento y celoso, o indolente y tonto, según la cualidad del modo "esto" en ese momento.

15

La *Sruti* dice que el Ser asociado con el *prana,* etc., aparece respectivamente como *prana*, mente, intelecto, la tierra y los demás elementos, deseo, ira, desapasionamiento, etc.

16

De igual forma el Ser, cuando está asociado con la mente, se ve transformado en un *jiva* inmerso en la miseria del *samsara* sin final y es engañado por innumerables ilusiones, tales como "yo", "mío", "tuyo", "vuestro", etc.

17

D.: *De ese* samsara *que "ha caído encima de todo el Ser", ¿cómo se puede uno librar?*

M.: Con la paz completa de la mente, el *samsara* desaparecerá de raíz y ramas. De otra forma no habrá fin para el *samsara*, ni siquiera en millones de eones *(kalpakotikala)*.

18

D.: *¿No se puede librar uno del* samsara *por otro medio que no sea la quietud de la mente?*

M.: Es absolutamente imposible conseguirlo por otro medio. Ni los Vedas, ni las *Sastras*, ni las austeridades, ni los karmas, ni los votos, ni los regalos, ni la recitación de las Escrituras o de las fórmulas místicas *(mantras)*, ni la adoración, ni ninguna otra cosa es capaz de deshacer este *samsara*. Solo la quietud de la mente puede conseguir el éxito, y nada más.

19

D.: *Las Escrituras declaran que solo el Conocimiento puede hacerlo. ¿Cómo me dice entonces que la quietud es el único medio para acabar con el* samsara*?*

M.: Lo que es descrito como Conocimiento, liberación, etc., en las Escrituras, no es más que la quietud de la mente.

D.: *¿Ha dicho esto alguien anteriormente?*

20-27

M.: Sri Vasishta dice: "Cuando por la práctica la mente se tranquiliza, todas las ilusiones del samsara desaparecen, de raíz y desarrollo. De igual manera que cuando el océano de leche fue batido para conseguir su néctar todo fue furor en un comienzo, y después quietud y claridad al ver salir al monte *Mandara,* así la mente se tranquiliza haciendo que el samsara caiga en su descanso eterno".

D.: *¿Cómo puede conseguirse que la mente se calme?*

M.: Por el desapasionamiento, abandonando todo lo que es preciado para uno, puede realizarse la tarea con éxito. Sin paz en la mente, la liberación es imposible. Solo cuando todo el mundo objetivo sea limpiado por una mente deshipnotizada, como consecuencia del conocimiento discriminatorio de que todo lo que no sea Brahmán es objetivo e irreal, se alcanzará la Suprema Bienaventuranza. De otra forma, en la ausencia de paz mental, pese a lo mucho que se esfuerce el hombre ignorante por trepar en los profundos abismos de las *Sastras,* no obtendrá la liberación. Solo aquella mente que, por la práctica del yoga, y tras perder todas sus latencias, se ha hecho tranquila y pura como una lámpara en un lugar bien protegido del aire, se dice que está muerta. Esta muerte de la mente es la más alta realización. La conclusión final de todos los Vedas es sencillamente que la liberación es la mente tranquilizada.

Para la liberación de nada sirven riqueza, parientes, amigos, karma consistente en movimiento de los miembros, peregrinación a los lugares sagrados, baños en ríos sagrados, vida en regiones celestiales, austeridades, no importa lo severas que sean, ni ninguna otra cosa, salvo la mente tranquilizada. En el mismo sentido, muchos libros sagrados enseñan que la liberación consiste en deshacerse de la mente. En varios pasajes del *Yoga Vasistha* se repite la misma idea de que la bienaventuranza de la liberación puede alcanzarse solamente limpiando la mente, que es la causa raíz del *samsara*, y de esta forma de todo lo desgraciado.

28

De esta manera, matar la mente por un conocimiento de las sagradas enseñanzas, el razonamiento y la experiencia personal es deshacer el *samsara*. ¿Cómo si no puede pararse la rueda de nacimientos y muertes? De ningún otro modo. A menos que quien duerme se despierte, el sueño no termina, y el horror de encontrarse cara a cara con un tigre en el sueño tampoco. De forma similar, hasta que la mente se vea libre de la ilusión, la agonía del *samsara* no terminará. Solo tiene que tranquilizarse la mente. Esta es la realización de la vida.

29-30

D.: *¿Cómo puede tranquilizarse la mente?*
M.: Solo por el *sankhya*. El *sankhya* es el proceso de inquisición unido al conocimiento. Los sabios realizados declaran que la mente tiene su raíz en el hecho de no inquirir, y que perece por una inquisición correcta.
D.: *Por favor, explíqueme este proceso.*
M.: Consiste en *sravana, manaba, nidhidhyasana* y *samadhi,* es decir, escuchar, razonar, meditar y paz bienaventurada,

como se menciona en las Escrituras. Solo esto puede hacer que la mente se calme por completo.

31-32

M.: También hay otra alternativa. Se dice que es el yoga.
D.: *¿Qué es el yoga?*
M.: Meditación en el Ser Supremo, libre de cualidades.
D.: *¿Dónde se recoge esta alternativa?*
M.: En el Gita, Sri Bhagavan Krishna dice: "Lo que se obtiene por el *sankhya* puede también obtenerse por el yoga. Solo quien conoce que el resultado de ambos procesos es el mismo puede denominarse un sabio realizado".

33-34

D.: *¿Cómo pueden ser idénticos ambos resultados?*
M.: El objetivo final de ambos es el mismo, porque es la quietud de la mente.
Esto es *samadhi,* o paz bienaventurada. El fruto del *samadhi* es el Conocimiento Supremo, en sí mismo independiente del proceso por el que se ha alcanzado.
D.: *Si el fruto es el mismo para ambos, el propósito final puede obtenerse por medio de uno solo. ¿Por qué se mencionan dos procesos en lugar de uno?*
M.: En el mundo, los buscadores de la Verdad se encuentran en diferentes grados de desarrollo. En consideración hacia ellos, Sri Bhagavan ha mencionado estos dos con el objetivo de ofrecer elección.

35

D.: ¿Quién está capacitado para el camino de la inquisición (sankhya)?
M.: Solo un buscador completamente cualificado; otro no tendría éxito.

36-37

D.: *¿Cuáles son las* sadhanas *o requisitos para este proceso?*
M.: Los conocedores dicen que las *sadhanas* consisten en una capacidad para discernir lo real de lo irreal, no desear placeres aquí ni en el más allá, cesación de todas las actividades y un agudo deseo de estar liberado. Sin estar cualificado con estos cuatro requisitos, no importa lo duramente que se intente, uno no podrá obtener el éxito en la inquisición. Por lo tanto, esta cuádruple *sadhana* es el *sine qua non* para la inquisición.

38

Para comenzar se necesita un conocimiento de las características distintivas de estas *sadhanas*. Como ya se mencionó, estas características son de las siguientes categorías: *hetu, svabhava, karya, avadhi* y *fala* (causa, naturaleza, efecto, límite y fruto). Se describen a continuación.

39-44

El *viveka* (discernimiento) solo puede surgir en una mente purificada. Su naturaleza es la convicción, obtenida por las sagradas enseñanzas, de que solo Brahmán es real y todo lo demás es falso. Recordar siempre esta verdad, es su efecto. Su final es estar inconmoviblemente establecido en la verdad de que solamente Brahmán es, y todo lo demás es irreal. El *vairagya* (desapasionamiento) es el resultado de la actitud mental de que el mundo es esencialmente falso. Su naturaleza es renunciar al mundo y no tener deseo de nada de él. Su efecto es abandonar con disgusto todos los goces como se hace con un vómito. Termina (su final) en tratar con desprecio todos los deleites de este mundo y de los cielos, como si fueran vómito, fuego o el infierno.

La cesación de las actividades *(uparath)* puede ser el resultado del *ashtanga yoga* (óctuple yoga) denominado *yama, piyama, asana, pranayama, pratyahara, dharana, dhyana* y *samadhi*, esto es control de uno mismo, disciplina, postura firme, control del aliento vital, control de los sentidos, mente recogida hacia la Verdad, meditación y paz. Su naturaleza consiste en reprimir la mente. Su efecto es cesar las actividades mundanas. Termina *(avadhi)* en un olvido del mundo como en el caso del sueño, debido al fin de las actividades. El deseo de estar liberado *(kmumuksutva)* comienza con la asociación con los sabios realizados. Su naturaleza es el deseo de liberación. Su efecto es estar con el propio maestro. Termina en el abandono de las Escrituras y de la realización de ritos religiosos.

Cuando han alcanzado el límite mencionado, se dice que las *sadhanas* son perfectas.

45-47

Si una de estas *sadhanas* es perfecta, pero no todas, la persona irá a las regiones celestiales después de la muerte. Si todas son perfectas, harán a la persona concienzudamente capacitada para inquirir acerca del Ser. Solo cuando todas las *sadhanas* son perfectas, es posible realizar la inquisición; de otra forma no. Incluso si una sola de ellas queda sin desarrollar, obstruye la inquisición. De esto vamos a hablar ahora.

48-49

Si quedan sin desarrollar desapasionamiento, etc., aunque se cuente con un discernimiento perfecto, hacen que no se puedan eliminar los obstáculos a la inquisición sobre el Ser. Observa cómo hay muchas personas bien versadas en los textos del Vedanta. Ellas han obtenido esta virtud, pero no poseen las otras, desapasionamiento, etc. Por lo tanto, no pueden emprender la inquisición sobre el Ser. Este hecho hace evidente que el discernimiento sin la ayuda del desapasionamiento, etc., no sirve.

50-51

D.: *¿Cómo es que incluso los eruditos en el Vedanta no tienen éxito en el seguimiento de la inquisición?*

M.: A pesar de que siempre están estudiando el Vedanta y dan lecciones a otros, como les falta la carencia de deseos, no practican lo que han aprendido.

D.: *¿Y qué hacen entonces?*

M.: Repiten toda la dialéctica védica como papagayos, pero no ponen las enseñanzas en práctica.

D.: *¿Cuáles son las enseñanzas del Vedanta?*

M.: El Vedanta enseña al hombre a conocerlo todo acerca del Brahmán no dual, y que todo lo que no sea este es solo miseria, por lo que se debe abandonar todo deseo de gozar, y verse libre del amor y el odio. También enseña a cortar por completo el nudo del ego, que aparece como el "yo"; a huir de los fenómenos ilusorios tales como "yo", "tú", "esto", "eso", a verse libre del concepto de "yo" y "mío"; a vivir sin preocuparse por los pares de opuestos como el frío y el calor, el dolor y el placer, etc., a permanecer fijo en el conocimiento perfecto de la igualdad de todos, sin hacer distinción de tipo alguno; a no ser consciente sino de Brahmán, y a experimentar siempre la bienaventuranza del Ser no dual.

A pesar de que el Vedanta sea leído y comprendido, si no se practica el desapasionamiento, el deseo de los goces no se irá. Si no hay disgusto por los goces, estos no le abandonarán. Debido a que el deseo no se restringe, el amor y el odio, etc., el ego o la yoidad del cuerpo, el sentido de posesión representado por "lo mío", los opuestos tales como el frío y el calor, y los falsos valores, no desaparecerán. No importa lo letrado que uno sea; mientras las enseñanzas no se practican, uno no es realmente letrado. Igual que un loro, veremos al hombre repitiendo que solo Brahmán es real y que lo demás es irreal.

D.: *¿Por qué es esto así?*

M.: Los sabios dicen que el hombre se deleita en los placeres externos igual que un perro que goza en la basura. A pesar de estar siempre ocupado con su Vedanta, leyéndolo y enseñándolo, no es mejor que un perro ordinario.

52

Tras leer todas las Escrituras, y afirmados en ellas, aumentan su orgullo de ser todopoderosos, realizados y dignos de respeto. Llenos de amor y de odio, presumen de ser respetables, cuando solo son albardas usadas para llevar pesos a lo largo de difíciles y tortuosos caminos. No necesitas tenerlos en cuenta en tu camino hacia la Verdad. De esto mismo Vasishta le habló mucho más a Rama.

53

D.: ¿*Ha habido gente que, a pesar de ser bien instruida en las Escrituras, no ha practicado sus enseñanzas?*
M.: ¡Oh, muchos! También podemos leer sobre ellos en los Puranas (narraciones de carácter didáctico-religioso). Había una vez un bramín, Brahma Sharma era su nombre. Estaba bien instruido en los Vedas y el Vedanta, además de ser un hombre distinguido. No practicaba lo que había aprendido, pero daba consejos a otros. Pasó toda su vida lleno de amor y de odio, transgrediendo el código de conducta por su comportamiento iracundo y gozando de acuerdo con sus deseos. Después de su muerte fue al infierno. Por la misma razón muchos más recorrieron también el mismo camino. En el mundo vemos cómo hay muchos eruditos consumidos por el orgullo y la codicia. Sin duda el estudio del Vedanta le hace a uno discernir, pero si no está acompañado por el desapasionamiento, etc., es inútil y no lleva a la inquisición.

54-56

D.: ¿*Podrá lograrse la meta con el discernimiento y el desapasionamiento?*
M.: No. En ausencia de la cesación de las actividades, no son suficientes para tener éxito en el propósito de la inquisición. Si no hay cesación de las actividades, no

habrá deseo de inquirir acerca del Ser. ¿Cómo podremos entonces hablar de éxito?

D.: *¿Qué hará un hombre con desapasionamiento si no toma el camino de investigación sobre el Ser?*

M.: Si no cesan las actividades, no hay tranquilidad. Si no alberga deseos, siente disgusto por todos los goces y no encuentra placer en el hogar, la riqueza, el arte, etc., así que renuncia a todo y se retira a un bosque solitario en donde se absorbe en severas austeridades que son infructuosas. El caso del rey Sikhidhvaja es un ejemplo de esto.

57-59

D.: *Entonces, ¿se puede conseguir la meta contando con discernimiento, ausencia de deseos y cese de las austeridades?*

M.: No se puede conseguir sin deseo de estar liberado. Si este deseo es escaso, no habrá incentivo para inquirir sobre el Ser.

D.: *¿Qué hará entonces un hombre así?*

M.: Si no tiene deseos y es pacífico, no hará ningún esfuerzo y permanecerá indiferente.

D.: *¿Ha habido hombres con estas tres cualidades que no tomaran el sendero de inquisición sobre el Ser?*

M.: Sí, el desapasionamiento está presente y es implícito en todas las austeridades; además, en tales *tapasvins* (anacoretas) la mente permanece concentrada; sin embargo, no pueden inquirir sobre el Ser.

D.: *¿Qué hacen entonces?*

M.: Sintiendo aversión a todo propósito externo, con la mente concentrada, permanecen austeramente en una suspensión parecida al sueño profundo, pero a pesar de ello no inquieren sobre el Ser. Como ejemplo de esto, el Ramayana narra la historia de Sarabhanga Rishi, que después de su *tapasia* (austeridad) fue al cielo.

D.: *¿No forma parte el cielo de los frutos de la inquisición?*

M.: No. La inquisición debe culminar en la liberación, y esta es la cesación de la rueda de nacimientos y muertes que incluye dentro de sí el tránsito de una región a otra. El caso de Sarabhanga indica que no pudo hacer la inquisición del Ser. Por lo tanto, las cuatro cualidades son necesarias para la inquisición.

60-61

M.: Un simple deseo de estar liberado, si no va acompañado de las tres cualidades restantes, será insuficiente. Por un intenso deseo de liberarse, un hombre puede tomar la decisión de inquirir, pero si no está cualificado para ello, fracasará en su intento. Su caso será el mismo que el del hombre lisiado que desea intensamente la miel de un panal que se está en la copa de un árbol; no puede alcanzarla, y por lo tanto su futuro es permanecer infeliz. Por otra parte, el buscador puede aproximarse a un maestro, rendirse ante él y sacar provecho de su enseñanza.

D.: *¿Qué autoridad hay para corroborar que un hombre no cualificado, pero muy deseoso de alcanzar la liberación, permanecerá siempre infeliz?*

62

M.: En el *Sutra Samhita* se dice que aquellos que desean los goces y a la vez anhelan la liberación están seguramente mordidos por la serpiente del *samsara*, y por lo tanto emponzoñados con su veneno. Esa es la autoridad.

En la opinión de que las cuatro cualidades deben ir juntas en su totalidad, hay completo acuerdo entre las Escrituras, la razón y la experiencia. Si, por el contrario, una de ellas es escasa, no se puede proseguir con la inquisición hasta el éxito; sin embargo, después de la muerte se alcanzarán regiones meritorias. Cuando las cuatro cualidades son perfectas, se tiene éxito en la inquisición, que será fructífera.

63-69

D.: *En conclusión, ¿quiénes están capacitados para la inquisición del Ser?*

M.: Solo los que poseen las cuatro cualidades al completo están capacitados, no importa si son muy versados en los Vedas y las Escrituras, muy distinguidos, practicantes de severas austeridades, estrictos seguidores de votos religiosos o de repeticiones de mantras, adoradores de algún tipo, peregrinos caminantes, si dan grandes regalos y donaciones etc. De la misma forma que los ritos védicos no son para el *upanayana samskara* (no regenerado), la inquisición no es para el no cualificado.

D.: *¿Puede la falta de cualidades descalificar incluso a un erudito?*

M.: Sea conocedor del saber sagrado o ignorante de él, lo que cualifica a un hombre son los cuatro requisitos. La *Sruti* dice: "Aquel cuya mente está en equilibrio y sus sentidos controlados, cuyas actividades han cesado y que posee fortaleza" es válido para esto. De ello se deduce que los demás no son competentes, y que los poseedores de las cuatro cualidades sí lo son.

70

D.: ¿Hay alguna distinción entre los buscadores que son competentes?

M.: Para la inquisición sobre el Ser no hay ninguna distinción de casta, estado de vida u otros factores similares. Sea el buscador el mejor de los eruditos, un hombre iletrado, un chiquillo, un viejo, célibe o casado, *tapasvin, sannyasin,* brahmín, *ksatriya, vaisya, sudra,* un *chandala* (comedor de perros) o una mujer, lo único que le hace competente son las cuatro cualidades. Esta es la indiscutible opinión de los Vedas y las *Sastras*.

71

D.: *Esto no puede ser. ¿Cómo pueden los iletrados, las mujeres y los* chandalas *estar cualificados con exclusión de los eruditos de las Escrituras? Estos últimos están seguramente más cualificados que los otros. Usted dice que el conocimiento de las Escrituras no es suficiente sin la práctica de estas. Nadie puede practicar lo que no conoce. ¿Cómo puede una persona iletrada cualificarse de tal manera?*

M.: Como réplica yo te pregunto cómo se cualifica el hombre letrado.

D.: *Debido a que las enseñanzas de las* Sastras *indican que no debe hacer karma (acción) por motivos egoístas, sino dedicarse a Dios, así lo hará él. Con su mente así purificada está preparado para adquirir las cualidades necesarias a la inquisición sobre el Ser.*

M.: El otro también puede. Aunque no es letrado en un comienzo, puede haber estudiado las Escrituras en otras vidas y llevado a cabo acciones dedicadas a Dios, y con su mente lo bastante pura puede adquirir rápidamente las cualidades necesarias para la inquisición sobre el Ser.

72

D.: *En tal hombre iletrado se puede comprender que las* sadhanas *realizadas en vidas anteriores hayan dejado unas latencias que le confieran unas cualidades, pero si estudió las Escrituras previamente, ¿por qué no se manifiesta de forma similar su conocimiento sobre ellas en esta vida?*

M.: Solo algún karma pasado puede obstruir que se manifieste el conocimiento de nuevo.

D.: *Si el conocimiento se obstruye, ¿por qué sucede lo mismo con el resto de la* sadhana*?*

M.: A pesar de que el conocimiento se obstruye, los frutos de su labor no se pueden perder, no puede perder su competencia para inquirir.

73

D.: *¿Qué sucedería si sus cuatro* sadhanas *se obstruyeran al igual que el conocimiento de la Escritura?*

M.: El resultado sería que, debido a la falta de las cualidades requeridas, ni el erudito ni el iletrado serían válidos para la inquisición. Ambos serían iguales.

74-76

D.: *No, eso no puede ser. A pesar de no estar cualificado, el erudito, al haber conocido las Escrituras, puede practicarlas gradualmente con el fin de cualificarse, mientras que el otro,* *aunque haya completado todos sus estudios en vidas anteriores, no logró obtener tal cualificación. ¿Cómo lo conseguirá en esta vida, si todo lo que aprendió se le ha olvidado, y sus sadhanas permanecen obstruidas? Obviamente no puede tener éxito en el camino de la inquisición.*

M.: No es así. A pesar de ser iletrado, el hombre ansioso por la liberación se aproximará a un maestro, aprenderá de él la esencia de las Escrituras, practicará entusiásticamente sus consejos y obtendrá éxito al final. De igual forma que un hombre mundano que, siendo ignorante de las Escrituras y sin embargo deseoso del cielo, busca la guía de un maestro, y por la observancia de la adoración y las disciplinas obtiene su fin, así, por la gracia de la enseñanza del maestro, incluso un hombre iletrado puede obtener tanto beneficio como un erudito con su conocimiento.

77-78

D.: *Los ritos religiosos dan fruto de acuerdo con la buena fe del hombre. Solo si el buscador de la Verdad es serio, podrá la dirección del maestro actuar igualmente. ¿Cómo podría ser de otra forma?*

M.: De la misma manera que la buena fe es el requisito principal para recoger frutos del karma, lo es de la práctica de las *sadhanas* por el erudito o por el discípulo del maestro. El karma o las *sadhanas* no pueden tener éxito si falta interés en ellos. Un erudito o un iletrado obtienen los frutos del karma de acuerdo con el interés que se toman en su realización. Una persona que no es seria no necesita ser considerada en relación con los Vedas o con un Maestro.

79

M.: Un erudito o un iletrado, si no se han cualificado como se mencionó antes pero desean ardientemente la liberación, deben practicar con mucha diligencia para que al menos obtengan las cualidades. Después de esto, estarán capacitados para la inquisición. De esta forma, no se puede hacer distinción entre el erudito y el iletrado.

80

D.: *Si esto es así en relación con la capacidad para la inquisición sobre el Ser, ¿en qué se diferencia un erudito de un iletrado?*
M.: La diferencia radica solamente en el conocimiento de la Escritura, y no en la práctica de la *sadhana* de inquisición.

81-82

D.: *Esto no puede ser. Aunque el conocimiento no diferencia en lo que respecta a la capacidad para la* sadhana*, ciertamente debe de tener algún peso en favor del erudito a la hora de practicar la inquisición.*
M.: No es así. La Escritura no es el medio para la inquisición. Los medios son el desapasionamiento, el discernimiento, etc. Solo estos pueden facultar a un hombre para la inquisición, y un conocimiento de la Escritura no supone diferencia alguna. Por lo tanto, el erudito no tiene ninguna ventaja sobre un iletrado en el terreno de la inquisición.

Los medios para la realización

83-85

D.: *Concediendo que el desapasionamiento, etc., son los medios para tener éxito en la inquisición, incluso poseyendo las sadhanas necesarias, la inquisición sobre el Ser ha de realizarse bajo la luz de las Sastras. Por lo tanto, el estudio de estas Sastras debe ser indispensable para obtener el éxito en los fines que se propone la inquisición.*

M.: ¡Tonterías! No se requiere ninguna *Sastra* para conocer al Ser. ¿Busca alguien al Ser en las *Sastras*? Seguro que no.

D.: *Solo si el Ser es conocido, las* Sastras *dejan de ser de utilidad para la inquisición sobre el Ser. Pero el buscador, al estar engañado, no ha conocido su propia naturaleza ¿Cómo puede un hombre iletrado realizar al Ser sin el estudio de las* Sastras *que tratan acerca de la naturaleza del Ser? No puede. Por lo tanto, las Escrituras deben aprenderse como un requisito para la realización.*

M.: En caso de que el conocimiento del Ser obtenido de las *Sastras* fuera como el del cielo que se menciona en los Vedas, esto es, indirecto y no directamente experimentado, tendrías razón. Este conocimiento es un rumor y no puede experimentarse de un modo directo. De la misma manera que el conocimiento de la forma de Vishnú siempre permanece indirecto, y no hay percepción directa del ser con cuatro brazos, o que el conocimiento del cielo solo puede ser indirecto en este mundo, así el conocimiento del Ser contenido en las Escrituras únicamente puede ser indirecto. Esto deja al hombre tal como estaba, ignorante. Solo el conocimiento de la experiencia directa puede ser verdadero y útil. El Ser es algo para realizar y no algo sobre lo que hablar.

86-88

D.: *¿Quién dijo esto antes?*

M.: Sri Vidyaranya Swami dice en el *Dhyana Dipika (Panchasdasi):* "El conocimiento de la forma de Vishnú obtenido de las *Sastras* de que tiene cuatro brazos, y sostiene un disco, una concha, etc., es solo indirecto y no puede ser directo. La descripción tiene la intención de crear un cuadro mental para la adoración, y nadie puede verlo cara a cara. De manera similar, el conocimiento de las Escrituras de que el Ser es Existencia-Conocimiento-Bienaventuranza equivale a un conocimiento indirecto y no puede ser lo mismo que la experiencia. Debido a que el Ser es el ser íntimo del individuo o la conciencia testigo de las cinco envolturas, es el mismo Brahmán. Si no es realizado, leyendo las Escrituras todo lo que se obtiene es un conocimiento superficial. Es solo conocimiento indirecto".

D.: *Vishnú o el cielo, al ser diferentes del Ser, son objetivos, mientras que el Ser es subjetivo, y su conocimiento, de cualquier forma que se logre, debe ser directo y no puede ser indirecto.*

M.: Aunque el Vedanta enseña espontáneamente y de forma directa la Verdad Suprema "Eso eres tú" *(Tat tvam asi),* queriendo decir que el ser interno del individuo es Brahmán, solo, la inquisición es el medio seguro para la autorrealización. El conocimiento de la Escritura no es suficiente, porque es indirecto. Solo la experiencia que resulta de la inquisición sobre el Ser puede ser el Conocimiento directo.

89-90

Vasishta también ha dicho lo mismo. La Escritura, el maestro y la enseñanza son de la tradición, y no hacen directamente que el buscador realice el Ser. La pureza de la mente del buscador es el único medio para la realización, y no es ni la *Sastra* ni el gurú. El Ser puede ser realizado por el propio agudo discernimiento y no por otro medio. Todas las *Sastras* coinciden en este punto.

91

De todo esto queda claro que excepto por la inquisición sobre el Ser, este no podrá nunca ser realizado, ni siquiera aprendiendo el Vedanta.

92

D.: *El Ser solo puede ser realizado por un estudio crítico de las Sastras. Si no, ¿qué más puede ser la inquisición que un estudio crítico y analítico del contenido de la Escritura?*

93

M.: En el cuerpo, los sentidos, etc., persiste el concepto de "yo". Con una mente concentrada e introvertida se debe buscar a ese "yo", que es el ser interno de las cinco envolturas, proceso al que se denomina inquisición. Buscar en cualquier otra parte, fuera de sí mismo, por medio de una recitación oral de la *Sastra* del Vedanta Sastra, o por el estudio crítico de las palabras que componen la Escritura, no puede llamarse inquisición sobre el Ser. Esta solo puede realizarse a través de una mente muy aguda sobre la verdadera naturaleza del Ser.

94-96

D.: *¿No puede ser conocido el Ser por la lectura y comprensión de las Escrituras?*

M.: No, porque el Ser es Existencia-Conocimiento-Bienaventuranza, diferente de los cuerpos denso, sutil o causal, testigo de los tres estados: vigilia, sueño y sueño profundo. Ejercitar continuamente los órganos vocales leyendo las Escrituras o conocer perfectamente estas y su significado no pueden revelar al Ser que está dentro de uno.

D.: *¿Cómo puede ser realizado?*

M.: Por medio de la mente se examina la naturaleza de las cinco envolturas. Por la experiencia personal se descarta cada una de ellas, paso a paso: "Esto no es, esto no es...". Y por último se concluye el proceso haciendo que la mente se vuelva más y más sutil para buscar al Ser, y realizarlo como la conciencia testigo que permanece como sustrato de las cinco envolturas. El Ser no puede hallarse en el exterior. Se encuentra extendido por todas partes y se esconde en las cinco envolturas. Para hallarlo se debe hacer que el intelecto indague dentro, no en las Escrituras. ¿Buscaría un hombre con sentido común en medio del bosque algo que ha perdido en su casa? La búsqueda debe realizarse en el lugar donde tuvo lugar la pérdida. Por esto el Ser ha de buscarse dentro de las cinco envolturas que son las que lo cubren, y no en las Escrituras. Estas no son lugar para él.

97

D.: *Es verdad. El Ser no puede hallarse en las Escrituras. Pero de ellas, un estudiante puede conocer la naturaleza de las cinco envolturas, examinarlas intelectualmente, experimentarlas y desecharlas, para así encontrar y realizar al Ser. ¿Cómo podrán otros hombres, ignorantes de la naturaleza de las cinco envolturas del Ser, perseguir la inquisición?*

M.: De la misma forma que un erudito aprende de los libros, los otros lo hacen de un maestro. Después, la inquisición es la misma para ambos.

98-99

D.: *¿Significa eso que el maestro es necesario para el iletrado, y no para el erudito?*

M.: Erudito o iletrado, nadie puede tener éxito sin un maestro. Desde tiempos inmemoriales, incapaces de realizar el Ser, incluso los buscadores eruditos fueron en pos de un maestro para que los iluminara. Narada fue a Sanatkumara, Indra a Brahma, Suka al rey Janaka... A no ser que el maestro otorgue su gracia, ningún hombre se puede liberar.

100-101

D.: *¿Ha habido algún iletrado que haya sido liberado por la sola gracia de su gurú?*

M.: Sí. Yagñavalkya ayudó a su mujer Maitreyi a que se liberara. Muchas otras mujeres e iletrados, como Lila y Chudala, fueron liberados en vida por su maestro. Por lo tanto, aquellos que son ignorantes de las Escrituras están cualificados para inquirir sobre el Ser.

102-108

Por lo expuesto hasta ahora queda claro que la formación del buscador consiste en el desapasionamiento resultante del discernimiento entre lo real y lo irreal, de forma que deseche todos los goces de aquí y del más allá como si fueran vómito o veneno y que se retire de todas las actividades para permanecer como un hombre sumido en un sueño profundo. Con estas cualidades, pero sin haber realizado aún el Ser, se encuentra angustiado, con dolores insufribles, tanto físicos como mentales, como si se le quemara el pelo de la cabeza, sin poder aguantar ni un momento más su estado de ignorancia, y exclama: "¿Cuándo seré libre? ¿Cómo y por qué medios me liberaré?". Cuando las categorías enunciadas se han desarrollado hasta el límite antes descrito, se dice que es el mejor buscador y que se encuentra en la categoría de *advadhi* (límite). El siguiente en la escala es el buen buscador sus cualidades se han desarrollado solo hasta el estado de "efecto". Después sigue el intermedio, solo hasta el estado de "naturaleza", y por último el más bajo, que solo llega hasta el de "causa". Estos estados determinan el éxito de los esfuerzos del buscador. (Son descritos en los versos 38 a 44.)

109

El éxito inmediato le llega al mejor cualificado; el siguiente requiere un poco más de tiempo; un período mucho más largo necesita el intermedio, y otro más largo aún, junto con una firme práctica, es preciso para el buscador de grado inferior.

110-112

La perplejidad de sus mentes no permite a los últimos dos grados de buscadores tomar la vía de la inquisición. Sus mentes se tranquilizan mucho más rápido por el yoga que por la inquisición. Los dos primeros grados son más adecuados para esta última, que les sienta mejor que el yoga.

113-114

En el *Dhyana Dipika,* Sri Vidyaranya dice: "El camino de la inquisición no puede dar éxito a las mentes que permanecen en confusión. Para eliminar su vanidad, el yoga es apropiado. Las mentes de los que se encuentran muy preparados no están confusas y permanecen fijas. Solo el poder de ocultar propio de la ignorancia les esconde la visión del Ser, por lo que únicamente, deben esperar a la iluminación o al despertar. El camino de la inquisición es para despertar, y por eso les resulta apropiado.

115-118

M.: El yoga solo puede proporcionar el éxito después de una larga, firme, ansiosa, diligente y precavida práctica, sin esfuerzo inútil.
D.: *¿Por qué debe ser uno tan cuidadoso con esto?*
M.: Cuando se intenta fijar la mente en el Ser, esta se vuelve reacia y arrastra al hombre a través de los sentidos hacia los objetos. Independientemente de lo decidido

y letrado que sea el hombre, su mente siempre será adversa, fuerte, inquieta y difícil de controlar. Caprichosa por naturaleza, no puede permanecer fija ni por un momento: debe correr aquí, allí y a todas partes. Ahora mora en las regiones inferiores, y en un instante vuela hacia el cielo. Se mueve hacia todos los puntos cardinales, y es caprichosa como un mono. Resulta difícil de fijar. Para hacerlo hay que ser muy cuidadoso.

119-121

D.: *En el* Gita, *Arjuna le pregunta a Bhagavan: "¡Oh Krishna! ¿no es la mente siempre caprichosa, perturbadora del hombre y difícil de controlar? Es más fácil coger el aire con la mano que controlar la mente". En el* Yoga Vasishta, *Sri Rama le dice a Vasishta: "¡Oh maestro!, ¿acaso no es imposible controlar la mente? Se pueden beber mas rápido todos los océanos, levantar el monte Meru o tragar fuego antes que controlar la mente". De estas palabras de Rama a Vasishta, y de las de Arjuna a Krishna, y por nuestra experiencia personal no puede haber duda de que es extremadamente difícil controlar la mente, a pesar de lo capacitado que esté y de lo heroico que sea uno.*

122-124

D.: *Si el control de la mente es tan difícil, ¿cómo puede entonces practicarse el yoga?*

M.: *A fuerza de práctica y desapasionamiento se puede lograr el control de la mente. Esto mismo fue lo que le señaló Krishna a Arjuna y Vasishta a Rama. Sri Krishna dijo: "¡Oh hijo de Kunti!, no hay duda de que la mente* es caprichosa y difícil de controlar. Sin embargo, por medio de una práctica esforzada y por el desapasionamiento se puede llegar a controlar". Vasishta dijo: "¡Oh Rama!, a pesar de que la mente es difícil de controlar, debe ser subyugada por el desapasionamiento y el esfuerzo, incluso a costa de apretar los puños y los dientes y oprimir los miembros y los sentidos. Se debe conseguir por medio del poder de la fuerza de voluntad". Por lo tanto, se necesita un esfuerzo intenso para ello.

125-127

La abeja que vive en el corazón del loto se desvía de la dulce miel de la bienaventuranza del loto del corazón y, deseosa de la miel amarga de la miseria, la recolecta fuera en calidad de sonido, tacto, forma, sabor y olfato, volando continuamente a través de los sentidos. A pesar de que por el desapasionamiento se cierran forzosamente los sentidos y la mente es encerrada, si permanece dentro, comenzará a pensar en el presente o en el pasado, o construirá castillos en el aire.

D.: *¿Cómo pueden detenerse sus actividades sutiles y ser completamente subyugada?*

M.: Deteniendo sus actividades externas y afirmándola en el interior. Esta abeja de la mente ha de ser obligada a beber la miel del loto del corazón, es decir, la bienaventuranza del Ser.

128

D.: *Por favor, explíqueme este yoga.*

M.: Con un intenso deseo de liberación, acercándose a un gurú, oyéndole hablar acerca del Brahmán no dual, que brilla como la Existencia-Conocimiento-Bienaventuranza del Ser, comprendiéndolo intelectualmente de una forma tan clara como se comprende la imagen de Vishnú, etc., haciendo que la mente se fije en ese Brahmán, sin hacer inquisición, reflexionando constantemente en el Ser no dual que está carente de atributos y es indiferenciado; a esto es a lo que se denomina yoga. Por su práctica la mente se torna tranquila y de forma escalonada llega a *samadhi*. En *samadhi* experimenta la bienaventuranza del Ser.

129-130

D.: *¿Alguien ha dicho esto antes?*
M.: Sí. Bhagavan Krishna dice: "El yogui que, controlando la mente, siempre la lleva hacia el Ser se convierte en perfectamente calmo, y finalmente me alcanza. La mente del yogui que practica yoga en todo momento será firme como la llama protegida de la brisa. De esta forma, sin moverse pasará al *samadhi*".

131-133

M.: De modo similar, por la inquisición, la mente también obtiene paz y samadhi.
D.: *¿Qué es la inquisición?*
M.: Tras escuchar al maestro acerca de la naturaleza del Ser, que en las Escrituras es denominado Brahmán o Existencia-Conocimiento-Bienaventuranza, se obtiene un conocimiento indirecto. Después, de acuerdo con la

enseñanza, y por el razonamiento inteligente, se debe inquirir y encontrar al Ser, que es puro Conocimiento, y al no ser, que es inanimado y objetivo como el ego. Se debe discernir y separarlos, y a continuación experimentarlos como diferentes uno de otro. Más tarde, por medio de la meditación se elimina todo lo que es objetivo y se absorbe la mente residual en el Ser no dual, lo que concluye con la experiencia directa de la Bienaventuranza Suprema. Aquí lo he descrito brevemente pero las Escrituras lo tratan de una manera muy elaborada.

134

Este capítulo acerca de la *sadhana* ha tratado de estos dos métodos para hacer que la mente se tranquilice: la inquisición y el yoga. De acuerdo con sus méritos y capacidades, el buscador inteligente practicará uno de ellos.

135

Este capítulo está indicado para que el ardiente estudiante pueda analizar cuidadosamente sus cualidades, averiguando así qué es lo que posee y qué es lo que más necesita. Después de equiparse apropiadamente, encontrará su método y lo practicará hasta conseguir el éxito.

CAPÍTULO IV
ESCUCHAR
(Sravana)

1

En el capítulo precedente hemos visto que el yoga es adecuado para los estudiantes de tipo inferior y que el método de la inquisición es indicado para los de más cualificación. En este capítulo consideraremos el camino del inquisidor, el cual, sin esfuerzo, lleva al Conocimiento de Brahmán.

2-4

D.: *¿Qué es el camino de la inquisición?*
M.: Por las *Sastras* sabemos que se trata de *sravana, manaba, nidhidhyasana* y *samadhi*: escuchar la verdad, reflexionar, meditar y paz bienaventurada. Los Vedas mismos lo declaran así también: "Querido mío, el Ser debe escucharse del maestro, se ha de reflexionar sobre lo escuchado y meditar sobre ello". En otra parte se dice

que se debe realizar al Ser en la paz divina. Esta misma idea es repetida por Shankaracharya en *Vakyavritti*, donde explica que hasta que se realice la frase sagrada "yo soy Brahmán", se debe practicar *sravana*.

5-7

En *Chitra Dipika (Panchadasi),* Vidyaranya afirma que la inquisición es el medio para el Conocimiento, y que consiste en escuchar la Verdad, en la reflexión y en la meditación. El estado de paz bienaventurada de la conciencia, en el cual solo Brahmán existe, es la verdadera naturaleza del Conocimiento. El no resurgimiento del nudo del ego que exhibe como "yo", cuando ha sido eliminado de una vez por todas, es su efecto; permanecer fijo en la frase "yo soy Brahmán", de la misma forma que anteriormente era la identificación ignorante con "yo soy el cuerpo", su final; la liberación, es su fruto. De todo esto se deduce que solo el proceso de escuchar, reflexionar, etc., es la inquisición sobre el Ser.

8-10

M.: Escuchar la Verdad Suprema, reflexionar y meditar sobre ella, quedando posteriormente en *samadhi*, constituye lo que se denomina inquisición en el Ser. Tiene por *hetu* (causa) las *sadhanas* mencionadas anteriormente: discernimiento, desapasionamiento, tranquilidad y deseo de estar liberado.
Cuál de ellas resulta esencial para cada parte de la inquisición se mencionará en el momento apropiado. Ahora trataremos acerca de sravana.

D.: *¿Qué es* sravana?

M.: *Sravana* es averiguar por medio de las seis pruebas, considerándolas en conjunto, que el propósito de los Vedas es el Brahmán no dual.

11-12

El análisis de *sravana* bajo las cinco categorías es: el intenso deseo de estar liberado da lugar a él; escuchar siempre acerca del Brahmán no dual es su naturaleza; la supresión completa de ese aspecto del poder de ocultar que dice "este (Brahmán) no existe" es su efecto; la no aparición de nuevo del poder de velar es su límite; un firme conocimiento indirecto es su fruto.

13

D.: *¿Cómo se dice que el deseo de estar liberado es su causa?*
M.: En la *Sruti* se dice: "En el estado de disolución, antes de la creación, solo existía la suprema realidad no dual". Esta realidad es el mismo Ser. Solo el que está ansioso de liberarse buscará el conocimiento del Ser, y comenzará a escuchar acerca de él. Otra persona no estará interesada. Por lo tanto, la avidez por liberarse es el requisito principal de esta parte de la inquisición, llamada *sravana*.

14

D.: *Justamente ahora acaba de decir que escuchar continuamente acerca de ese Ser no dual es la verdadera naturaleza de sravana. ¿Quién es ese Ser no dual?*

M.: Se menciona en las *Srutis* como la Conciencia que está detrás de los cuerpos denso, sutil y causal, diferente de las cinco envolturas y testigo de los estados de vigilia, sueño y sueño profundo.

15-17

D.: *¿Qué puede haber más allá de lo denso, lo sutil y lo causal?*
M.: El cuerpo denso está compuesto de piel, músculos, sangre, grasa, huesos, sistema nervioso y agua. Es secretor y excretor, nace y muere, es insensible como un muro, un objeto de percepción sensorial al igual que un jarrón. El cuerpo sutil es el *antahkarana* (órgano interno) conocido como la mente, que funciona con los modos "yo" y "este". También está compuesto de los cinco aires vitales, los cinco órganos y los cinco sentidos. Transmigra a otros cuerpos o mundos. Cuando permanece en el cuerpo físico, experimenta placeres y dolores. La ignorancia indescriptible, sin comienzo, ni real ni irreal, manifiesta estos cuerpos densos y sutiles, y por lo tanto se dice que es el cuerpo causal.

18

M.: Estos tres cuerpos son contrarios a la naturaleza del Ser.
D.: *¿En qué manera?*
M.: El cuerpo denso es insensible, el sutil está dominado por el dolor y el causal es irreal. Esto es opuesto a la naturaleza de Existencia-Conocimiento-Bienaventuranza propia del Ser. Por consiguiente, el Ser debe ser diferente de estos tres.

19-25

D.: ¿De qué modo es diferente de las cinco envolturas?
M.: Las cinco envolturas son la material, la vital, la mental, la intelectual y la de bienaventuranza. La material nace de la comida y crece con la comida, se modifica por ella y por lo tanto es material. Como la funda de una espada, así el cuerpo cubre al Ser y obstruye su conocimiento. Tiene un principio y un final; por lo tanto, no es el Ser, que es eterno.
Juntas, las envolturas vital, mental e intelectual forman el cuerpo sutil. A través de los cinco pasajes del cuerpo, que funcionan de cinco formas diferentes de acuerdo con sus modos, el aire vital, junto con los cinco órganos, obstruye el conocimiento del Ser. Así constituye la envoltura vital. Ya que es insensible, no puede ser el Ser. Unido al deseo, la ira, etc., pensando en esto y aquello, el modo "esto" de la mente manifiesta las latencias. Junto con los cinco sentidos, el modo "esto" forma la envoltura mental. Debido a que es insensible, no es el Ser.
Comprender definitivamente que las ideas de "esto" y "aquello" de la mente son un objeto, como pueden serlo un jarrón, una tela, etc., tener el concepto de "yo" en el cuerpo y el de "mente" en cosas como mi casa, mis riquezas, mis tierras..., es la naturaleza del modo "yo". Unido a los cinco sentidos, este modo "yo" constituye la envoltura intelectual. Surgiendo en el estado de vigilia y de sueño, unido al cuerpo, penetrándolo de pies a cabeza, se disuelve en los desmayos y en el sueño profundo por lo tanto, no puede tratarse del Ser eterno.
Después de levantarnos del sueño profundo todos sentimos: "No tuve percepción, he dormido felizmente".

Aquí se experimenta la ignorancia y la Bienaventuranza. La ignorancia bienaventurada es la envoltura de la Bienaventuranza. En calidad de ignorante, debe ser inanimada, y por lo tanto el no ser.

Hasta aquí se ha mostrado cómo las cinco envolturas no son el Ser. Quien las experimenta debe ser diferente de ellas, de igual manera que quien ve un jarrón es diferente de él. No puede haber duda sobre este punto.

26

D.: *¿Por qué se dice que el Ser es el testigo de los tres estados?*

M.: Los tres estados son: vigilia, sueño, y sueño profundo. A través de ellos pasa el *jiva* (el concepto "yo", el ego), identificándose con el cuerpo denso, sutil y causal, respectivamente. Por lo tanto, el Ser debe ser la Conciencia testigo de los tres estados. No es idéntico a ninguno de ellos.

27

D.: *Si estos tres estados no son del Ser, ¿de quién son entonces?*

M.: Solo pueden ser del ego, que los asume, mientras que al Ser no le conciernen. Afectando al estado de vigilia, el ego con apariencia de *visva* goza de las experiencias sensoriales densas, en sueño experimenta los goces sutiles y en sueño profundo, como *prajña*, experimenta la ignorancia. Por lo tanto, el ego debe ser quien experimente estos tres estados, y no el Ser, que es el testigo.

28-29

D.: ¿Qué le hace decir que es el ego, y no el Ser, quien experimenta los tres estados?

M.: En sueño profundo, cuando el ego se hace latente, no se percibe ni experiencia ni experimentador, solo ocurre cuando el ego aparece. Por lo tanto, él debe ser el experimentador. De él son los estados de vigilia y sueño, no del Ser.

D.: ¿De quién es el sueño profundo?

M.: También es del ego, porque de la misma forma que se lo arroga en los estados de vigilia y sueño diciendo: "Me desperté" o "He dormido", también lo hace en el de sueño profundo, al señalar "Dormí profundamente". No puede tratarse del Ser, a quien todo esto sigue sin concernir y que es el testigo de los tres estados y de su experimentador, el cual permanece engreído con las ideas de "me desperté", "he dormido", y "dormí profundamente". Por lo tanto, ninguno de los tres estados es el Ser.

30-31

D.: *El ego no puede ser tampoco el que experimenta el sueño profundo. No está ahí. Entonces, ¿cómo se puede decir que es su experimentador? En los estados de vigilia y sueño se puede decir correctamente que el ego es quien experimenta, pero en sueño profundo debe ser el Ser quien lo hace.*

M.: No estás en lo cierto. El *jiva*, es decir, el ego, que en los estados de vigilia y sueño aparece como la envoltura intelectual para gozar de los objetos densos y sutiles, se sumerge en el sueño profundo, en donde permanece latente como la envoltura de bienaventuranza, experimentando la ignorancia y la dicha: "no percibí nada", "Dormí felizmente". De todo esto se deduce claramente que fue el ego y no el Ser quien experimentó el sueño profundo.

32-33

D.: *Pero ¿cuál puede ser la conciencia testigo para la envoltura de bienaventuranza del sueño profundo?*
M.: Como envoltura de bienaventuranza es ignorante; esta ignorancia se reconocerá después. El reconocedor debe ser diferente del reconocimiento, y ha de ser el experimentador de la envoltura de bienaventuranza. Ahora que se ha imaginado a sí mismo como envoltura de bienaventuranza, que no es más que la ignorancia, permanece ignorante de sí mismo, pues la ignorancia no se puede conocer a sí misma.

De ello se deduce que debe haber un testigo de esta ignorancia, que simplemente ilumina la envoltura de bienaventuranza (lo que aparece como la idea "no percibí cosa alguna") y permanece diferente de ella. Ese testigo es el Ser.

D.: *¿Qué evidencia hay para afirmar que en sueño profundo todo queda reducido a un estado de latencia y que solo queda el Ser como inafectado testigo?*
M.: La *Sruti* asegura: "La visión del testigo nunca desaparece", queriendo decir que cuando todo lo demás permanece latente y desconocido, el Ser continúa consciente como siempre.

34-35

D.: *Bien, se puede inferir un conocedor en el sueño profundo que es la misma ignorancia, pero en el estado de vigilia y sueño, la envoltura intelectual puede ser el conocedor, sin que haya lugar para un testigo más.*

M.: No puedes pensar así. De igual manera que en el sueño profundo el Ser es el conocedor de la ignorancia, en los otros estados es el testigo del intelecto que percibe todas las nociones de vigilia y sueño tales como "yo di", "yo desperté", "yo fui", "yo vine", "yo escuché", que claramente indican la existencia de un percibidor. De la misma forma que se admite que el testigo es consciente de la ignorancia, debe serlo del conocimiento también. Además, al ser conocedor en unas ocasiones y en otras no, la envoltura intelectual no puede ser el testigo.

D.: *Sí es así, el Ser, el testigo del intelecto, también será el experimentador.*

M.: ¡No, no! El testigo del sueño profundo, y de su experimentador, no puede ser el experimentador del estado de vigilia y sueño.

D.: *Si el Ser es el testigo del sueño profundo y de su experimentador, ¿por qué no puede ser el experimentador del estado de vigilia y sueño?*

M.: No, quien está soñando tiene que despertarse o seguir viendo sueños. Nunca durmiendo, siempre consciente como el testigo de los tres estados y de su experimentador, que piensa: "Yo dormí, yo soñé, yo me desperté", el Ser no puede tener en sí los tres estados ni ser su experimentador. Esto no admite ningún tipo de dudas.

36

D.: *¿Por qué no puede convertirse el Ser en el testigo y el experimentador de los tres estados?*

M.: De igual manera que un testigo que ve a dos hombres peleando no lucha, el testigo no puede ser el experimentador. De igual forma que el luchador no observa simplemente la pelea sino que también lucha, el experimentador en el *jiva* no puede ser el testigo. Por lo tanto, el mismo Ser no puede ser ambos, el testigo y el experimentador.

D.: *Bien, ¿cuál es la conclusión?*

M.: La yoidad (concepto "yo") es el experimentador, y el otro, que, al no estar implicado, observa los estados y a su experimentador, es el testigo.

37

D.: *En tal caso, ¿hay un testigo diferente para cada estado, o uno solo?*

M.: El testigo es uno solo. Mientras que los estados se transforman, el Ser-testigo no cambia. La misma y continua conciencia pasa por la aparición, permanencia y desaparición de los tres estados. Así, el testigo de los tres estados es el Ser. Esto se ha descrito así.

38

M.: De esta forma se ha definido la *tatashta lakshana* (la naturaleza accidental; por ejemplo, ser causa del mundo) del Ser. Ahora consideraremos su *swarupa lakshana* (la naturaleza esencial; por ejemplo, *sat-chit-ananda*).

Es Existencia-Conocimiento-Bienaventuranza, único, todopenetrante, inmaculado, perfecto, inmutable y no dual.

39

D.: *¿Qué quiere decirse por existencia (sat)?*
M.: Siempre permanece como testigo de los estados que se sobreimponen en él. Es más, es el testigo no solamente de los estados de vigilia, sueño y sueño profundo, sino también de los nacimientos, crecimientos (niñez, juventud y senilidad) y muertes de los cuerpos precedentes y venideros. Por tanto, él es el uno, continuo, siempre existente y testigo de todo. Su existencia es, pues, obvia.

40-42

D.: *¿Qué se indica con el término* chit *(Conocimiento)?*
M.: Considerando que siempre permanece iluminando y manifestando los tres estados y sus relativos conceptos "yo", el Conocimiento es autoevidente.

43-46

D.: *¿Qué se quiere decir con* ananda *(Bienaventuranza)?*
M.: Debido a que es el objeto del gozo supremo, mejor dicho, el gozo supremo en sí mismo, el Ser es Bienaventuranza.
D.: *¿No agrada también el no ser?*
M.: No.
D.: *¿Por qué?*

M.: No por sí mismo, sino que como objeto de goce para el ser individual, el no ser es querido como marido, mujer, chicos, riqueza, hogar, fragantes ungüentos, inciensos, etc.
D.: *¿Por qué se dice que no agradan por sí mismos?*
M.: Si así fuera, debería suceder siempre. En una ocasión una cosa es agradable, y en otra ocasión es nauseabunda.
D.: *¿Cómo? No entiendo.*
M.: Una mujer, por ejemplo. Cuando el hombre siente lujuria, le resulta agradable; pero cuando él está sufriendo de fiebre, momento en el que uno pierde bastante el deseo, no encuentra interés en ella en absoluto. De acuerdo con las circunstancias, la misma mujer puede ser agradable, no deseada o desechada por asco. Lo mismo puede aplicarse a otros objetos de goce. De esta forma, el no ser no puede ser agradable.

47

D.: *¿Es el Ser siempre agradable?*
M.: Ciertamente, nunca lo verás de otra forma.

48-49

D.: *En caso de un dolor insoportable se deja de lado al Ser. Entonces, ¿cómo dice que es siempre agradable?*
M.: Nunca se puede dejar al Ser, porque quien en disgusto reniega de los sufrimientos que son ajenos a él no se abandona a sí mismo.
D.: *Es el Ser quien se abandona a sí mismo.*
M.: En tal caso, si el Ser es abandonado debe haber alguien que lo abandone. Por otra parte, al ser él quien

abandona, renuncia el cuerpo que es diferente de sí mismo, y no a sí mismo. Además, el acto de disgusto ocasional con el cuerpo, etc., prueba que el no ser es dolor y el Ser gozo.

D.: *¿Cómo lo prueba?*

M.: Si el Ser fuera portador de dolor, nunca se podría sentir disgusto por causa del dolor. Debido a que la propia naturaleza de uno mismo es el gozo, se rechaza el dolor bajo la forma del cuerpo. Como no es natural, sino advenedizo, el dolor no agrada. Si fuera natural, no se sentiría disgusto. De igual forma que el disgusto por la enfermedad, etc., muestra que tampoco son no naturales, y que el gozo es la naturaleza innata propia. Por lo tanto, un súbito e intenso disgusto por el cuerpo, etc., hace que el hombre lo abandone, pero nunca podrá abandonar al Ser. Este hecho enseña que el cuerpo y los adjuntos a él no son el Ser. Por lo dicho se hace obvio que el Ser nunca puede ser objeto de disgusto para alguien.

50-51

D.: *Incluso si es imposible detestar al Ser, ¿no puede ser objeto de indiferencia?*

M.: Al ser uno mismo quien es indiferente, es posible que se sea respecto al no ser (un guijarro, una brizna de hierba...) pero nunca hacia uno mismo. Por lo tanto, el Ser no es un objeto de disgusto ocasional, como lo son el cuerpo, las mujeres, etc., ni de indiferencia, como la que se tiene hacia un guijarro, etc. Siempre es el gozo mismo.

52-53

D.: *Si el Ser siempre es portador de placer, y los objetos de los sentidos también lo son, se les debe conceder que sean agradables también.*

M.: El placer de un objeto no dura mucho, pues lo que es ahora deleitable pronto cede su lugar a otro. Hay grados de placer y sucesión de los objetos que gustan. El goce de los placeres es pasajero y no estable. Esto es posible solo en el caso de que el placer sea algo nacido del propio engaño mental y no del valor intrínseco del objeto. Por ejemplo, un perro mastica un hueso seco y sin sustancia hasta que la sangre sale de las heridas de su boca, y piensa que el sabor de la sangre es el de la sustancia que sale del hueso. En el caso de que halle otro hueso, dejará el que tiene en la boca, y lo tomará. De la misma forma, sobreimponiendo su propia naturaleza de gozo a los detestables objetos de la fantasía, el hombre goza con ellos por equivocación, pues en realidad su naturaleza no es la de dar goce. Debido a la ignorancia, el hombre ve en los objetos una fuente de placer, cuando en realidad son causa de dolor. Este aparente placer no permanece fijo en un objeto, sino que se muda a otros; es juguetón, graduado y no absoluto, mientras que el goce de la dicha del Ser no es mutable. Incluso cuando el cuerpo, etc., es descartado, esta dicha permanece en el Ser. Es la Bienaventuranza Suprema. Hasta aquí se ha establecido la naturaleza de Existencia-Conocimiento-Bienaventuranza del Ser.

54

D.: *¿Forman estas tres cualidades (Existencia-Conocimiento-Bienaventuranza) la naturaleza del Ser?*

M.: Estas no son las verdaderas cualidades del Ser. De la misma forma que el calor, la luz y el color brillante forman la naturaleza del Ser y no sus cualidades, Existencia-Conocimiento-Bienaventuranza es su naturaleza y no sus cualidades.

55

D.: *Si el Ser tiene tres formas como Existencia-Conocimiento-Bienaventuranza, ¿quiere esto decir que hay tres seres?*

M.: No, solo hay uno. De igual forma que el fuego se manifiesta como calor, luz y color rojo, sin que haya más que un fuego, o que el agua se manifiesta como fría, fluida y sin sabor a pesar de ser solo un agua, asimismo el Ser muestra su *sat-chit-ananda* (Existencia-Conocimiento-Bienaventuranza) siendo solo uno y no varios.

56-58

D.: *Si el Ser es solo uno, ¿por qué se dice que es omnipenetrante?*

M.: Es correcto decir que el Ser, siendo uno solamente, es omnipenetrante, porque es omnisciente y, como Conocimiento, puede penetrarlo todo.

D.: Aunque sea el Ser interno a las cinco envolturas, ¿puede ser omnisciente?

M.: Sí, puede. El universo entero, constituido por los cinco elementos, junto con sus mutaciones y combinaciones, es visto por él mismo y no por otro. De otra manera, lo insensible, una piedra por ejemplo, sería conocedor, cosa que no es así. Solo él los conoce a todos, pero ellos no lo conocen a él. Es el omnisciente.

D.: *El Ser percibe solo lo que está dentro del campo de sus sentidos, y no lo que se encuentra más allá. ¿Dónde percibe el monte Meru o el cielo?*

M.: Lo conoce todo. En el Ser, que no es sino el éter del Conocimiento, todo lo que no es animado (no ser) aparece de las dos maneras, como percibido y como no percibido. De igual forma que en el éter del Conocimiento, y en ninguna otra parte más, aparecen percibidos por los sentidos las casas, las tierras, las villas, las ciudades y los países, también los objetos que están más allá de los sentidos, tales como el monte Meru o el cielo, aparecen como no percibidos.

D.: *¿Puede aparecer algo que no es percibido por los sentidos?*

M.: Sí, puede. A pesar de ser no existente, como el hijo de una mujer estéril, en el éter del Conocimiento, las casas, los campos, etc., aparecen como objetos de percepción, debido a que las latencias de la mente los presentan así. De esta misma forma, y a pesar de no ser reales y de que no son percibidos, el monte Meru, etc., son fantasías de la mente y aparecen en el éter del Conocimiento.

D.: *¿Cómo?*

M.: Ante la conciencia testigo en sueños, el fenómeno mental los presenta como objetos, tales como casas, etc. De la misma forma lo hace en el estado de vigilia. De otro modo uno no podría decir: "No conozco el cielo", "No conozco el monte Meru"; sin embargo, se dice. De esta forma, el Ser, que conoce todo no ser inanimado, como el monte Meru, etc., es el único Ser.

D.: *No se encuentra en todo, sino que se puede ver solamente dentro, como el Ser interno, testigo de las cinco envolturas. ¿Cómo puede entonces conocer?*

M.: Realmente no puede. En sí mismo, la mente imagina cosas lejanas y cercanas, perceptibles e imperceptibles, conocidas y desconocidas. Como su sustrato, el Ser lo atraviesa y conoce todo. Es así como el Ser es omnipenetrante. Por lo tanto, solo ese mismo Ser está en todo. No puede haber duda acerca de esto.

59

D.: *Si el Ser es omnipenetrante, debe estar asociado con todo y por lo tanto manchado.*

M.: Al igual que el omnipenetrante éter (espacio). Él es impartito, y por lo tanto no asociado. No solo es inmaculado como el espacio, sino que lo sobrepasa, permaneciendo como éter en la Conciencia. Por lo tanto, la *Sruti* dice: "Este *Purusha* (Ser) es realmente inmaculado".

60

D.: *Al ser no asociado, y por lo tanto inmaculado, más allá de todo, separado e indiferente, el Ser debe ser imperfecto.*

M.: No existe nada diferente ni similar a él. No hay partes en él. Permanece indiferenciado externa e internamente. Es la perfección. A pesar de llenarlo todo, permanece no asociado, como el espacio.

D.: *¿Cómo puede ser omnipenetrante e impartito?*

M.: Ni aquí ni allí, sino omnipenetrante. Es indivisible por el espacio. Ni ahora ni entonces, sino siempre presente. Es indivisible en el tiempo. No hay nada aparte del

Ser, es el Ser de todo, o el mismo Ser de todo; por lo tanto, nada lo divide. Permanece indiviso por parte de cualquiera de los tres mencionados (espacio, tiempo y objetos), llenándolo todo, y perfecto. De esta forma, su perfección está probada.

61

D.: *Debido a que es omnipenetrante como el éter, el Ser lo llena todo, y por lo tanto debe ser cambiante.*

M.: No. En calidad de testigo de las criaturas y los elementos creados que sufren cambios tales como existencia, nacimiento, crecimiento, transformación, decaimiento y muerte, el Ser no puede ser mutable. De otra forma, si fuese como los otros objetos, sería cambiante y nacería, crecería y moriría. Si se lo clasificara como un objeto inanimado por la ausencia de lo anteriormente mencionado, no podría ser consciente. Al contrario, se sabe que permanece como el testigo del nacimiento, crecimiento y decaimiento de todo el universo. También es impartito. Por lo tanto debe estar libre de cambios.

62-63

D.: *Decir que el Ser está libre de cambios implica que existe un no ser que es cambiante. Entonces el Ser no puede ser no dual y por lo tanto nos encontramos con una dualidad.*

M.: No. No existe nada aparte del Ser. Es no dual. Si el no ser no es diferente del Ser, no puede haber dualidad.

D.: *¿Como puede el no ser equivaler al Ser y no estar separado de él?*

M.: El Ser es el origen de todo. El efecto no puede ser distinto de la causa. No los vemos diferentes totalmente uno de otro. Por ser la causa de todo, debe ser idéntico con todo. No puede haber algo diferente de él.

64-66

D.: *¿Cómo puede ser el Ser el origen de todo?*
M.: Siendo el vidente de todo, es el origen de todo.
D.: *¿Por qué siendo el vidente es el origen?*
M.: En los casos de ilusión, solo el vidente es la causa de todo el fenómeno. Cuando el nácar es confundido con la plata, la causa material no es otra que quien lo ve, e igual sucede con las visiones que experimentamos en los sueños, que tienen su origen en quien sueña. De forma similar, la ilusión del mundo de vigilia debe ser causada solo por el vidente (el que lo ve).
D.: *Si el universo es solo un mito, su conclusión sería lógica. ¿Es el universo solo un mito?*
M.: En primer lugar está la autoridad de las Escrituras, que dice que en la disolución solo queda el Ser no-dual, y que en la creación *maya* sobreimpone los nombres y las formas sobre él, igual que el nombre y la forma de una serpiente sobre una cuerda en la penumbra.
En segundo lugar, el razonamiento muestra la naturaleza ilusoria de este universo, pues se lo ve aparecer y desaparecer como una visión en un sueño.
En tercer lugar, los sabios proclaman que en su realización todo esto es ilusorio y que solo Brahmán existe. Por lo tanto, todo este universo es falso. Ahora bien, sería correcto decir que al ser el testigo, el Ser es la única causa de todo este universo, que no es más que una

ilusión aparecida sobre él. El efecto ilusorio no puede estar separado de su base. De la misma forma que la espuma, las burbujas y las olas no son diferentes de su origen, el mar, el fenómeno del universo no es más que el Ser falsamente presentado. Por lo tanto el Ser es no dual, y no puede haber dualidad.

67

Estar, en presencia del maestro, siempre atento al estudio de la *Sastra* del Vedanta que trata acerca del Ser no dual, reteniendo su significado, es lo que constituye la naturaleza de *sravana* (escuchar). Siempre se debe asistir a esto.

68

D.: *¿Cuál es el efecto de sravana?*
M.: Destruye el poder de ocultar, propio de la ignorancia, que hasta entonces había hecho que pensáramos: "¿Dónde está el Ser no dual? En ninguna parte". Destruir esta ignorante conclusión de la no existencia del Ser no dual es su efecto.

69-70

D.: *¿Hasta cuándo debe continuarse sravana?*
M.: Hasta que la duda de la no existencia del Ser no dual no aparezca de nuevo por la cabeza. La no repetición de esta duda es el límite del proceso de *sravana*.
D.: *¿Puede la duda, una vez resuelta, reaparecer de nuevo?*
M.: Sí, puede.
D.: *¿Cómo?*

M.: En muchos pasajes de las Escrituras se trata acerca de la dualidad, que puede aceptarse como indicación de su existencia. Por ejemplo, uno estudia la Escritura que trata acerca de Vishnú y se hace su devoto; después, al hallar que también se habla de otros dioses en la Escritura, la devoción hacia Vishnú se tambalea. De igual manera, un estudio de la Escritura del Advaita (no dualismo) elimina la duda acerca del Ser no dual. Por lo tanto, se debe continuar la escucha hasta que los diferentes textos conmuevan la propia fe razonada en el Ser no dual.

D.: *¿Cuál es el fruto de* sravana?

M.: Cuando, de una vez por todas, la no creencia en la no dualidad del Ser es destruida, ningún texto sagrado o argucia argumental pueden hacer que el buscador se desvíe de su fe. Todas las obstrucciones a su fe se han destruido, y así permanece estable en su conocimiento indirecto del Ser no dual. Este es el fruto de *sravana*.

71

D.: *¿Qué es ese conocimiento indirecto?*

M.: Conocer la naturaleza profunda del Ser, no por una experiencia directa sino por un estudio de la Escritura, esto es lo que se denomina conocimiento indirecto. A pesar de que uno no vea la cara de Vishnú directamente, cree en su existencia por la evidencia de la Escritura. Esto es *samnya* (conocimiento común). Del mismo modo, un conocimiento común de la no dualidad de Brahmán, obtenido a través de las *Sastras* Advaita, es un conocimiento indirecto.

72-76

D.: *¿Por qué se dice que el conocimiento que nace de las Escrituras es indirecto? ¿No puede ser directo?*

M.: No. En tanto el Ser interno no pueda brillar debido al poder de ocultar, propio de la *abhanavarana* (ignorancia), no habrá conocimiento directo. El mero conocimiento de su existencia no puede llamarse Conocimiento directo.

D.: *¿Alguna autoridad ha confirmado esto?*

M.: Sí, Vidyaranya Swami dice en *Dhyana Dipika:* "A través de *sravana* se puede comprender que Brahmán es Existencia-Conocimiento-Bienaventuranza; sin embargo, no puede ser experimentado como el único testigo de las cinco envolturas. Aunque se nos informe en las Escrituras que Vishnú tiene cuatro brazos, que sujeta un disco, una concha y una maza en sus manos, y que una perfecta representación mental se puede aparecer en una meditación perfecta, a él no se le ve directamente con los ojos, y por lo tanto su conocimiento sigue siendo indirecto". El conocimiento obtenido por las Escrituras es por tanto indirecto, y no de experiencia directa.

D.: *Aquí Vishnú no es el Ser, sino algo diferente. Es correcto decir que el conocimiento que se obtiene de él en las Escrituras es indirecto. Pero Brahmán no es diferente del Ser. Al buscador que es ignorante de esta identidad, la* Sruti *le revela este hecho diciendo: "Tú eres eso". Aprendiendo su verdadero significado se puede afirmar que se ha obtenido la experiencia de la Verdad. Este conocimiento no puede permanecer indirecto como el del cielo. Por lo tanto,* sravana *culmina en la experiencia directa del Conocimiento.*

M.: No es así. Es cierto que los textos sagrados revelan la Verdad "tú eres eso". Sin embargo, un conocimiento directo no surge solamente de escucharlo. En ausencia de la inquisición sobre el Ser, el Conocimiento no puede ser directo. Para tener este Conocimiento directo, se necesita reflexionar sobre lo escuchado.

77

Aquí termina el capítulo sobre *sravana*. El estudiante que lo lea con cuidado obtendrá un conocimiento indirecto. Para experimentarlo directamente buscará conocer la naturaleza de *manana,* la reflexión.

CAPÍTULO V
REFLEXIÓN
(Manana)

1

D.: *Maestro, tras haber escuchado sus palabras, la naturaleza del Ser está clara para mí, pero mi conocimiento es solo indirecto. Por favor, instrúyame acerca de la reflexión, por medio de la cual se desvanecerá la oscuridad de la ignorancia que ahora oculta a mi Ser.*

2

M.: Dirigir siempre el pensamiento con razonamientos sutiles acerca del Ser no dual que es conocido indirectamente, esto es lo que se denomina reflexión.

3-4

D.: *Por favor, dígame su causa, naturaleza, efecto, límite y fruto.*
M.: El discernimiento entre lo real y lo irreal es su causa. Su naturaleza es inquirir acerca de la Verdad del Ser no dual. Desarmar el aspecto que oculta la ignorancia, que le hace a uno decir "no se manifiesta", es su efecto. La no aparición de este último es su límite. La experiencia directa es su fruto. Tal es la opinión de los sabios.
D.: *¿Por qué se dice que el discernimiento es su causa?*
M.: Solo el que, por el discernimiento entre lo real y lo irreal, ha adquirido el conocimiento indirecto, está preparado para buscar por la inquisición el conocimiento directo de la experiencia. Ningún otro puede obtener el éxito en su búsqueda.

6

D.: *¿Por qué no es el deseo de liberación la causa de la reflexión?*
M.: Un mero deseo de liberarse no hace a un hombre válido para la inquisición del Ser. Sin *sravana*, uno no puede ni siquiera tener un conocimiento indirecto. ¿Cómo podrá entonces tener éxito en la inquisición? Solo después de conocer la naturaleza del Ser debe uno proceder a buscarlo. Si se es ignorante de su naturaleza verdadera, ¿cómo puede uno investigarlo? El simple deseo de liberarse no es suficiente.

7

D.: *¿No llevará este deseo a la inquisición? Con la aparición del deseo, el hombre comenzará a escuchar acerca de la* *naturaleza del Ser y obtendrá un conocimiento indirecto que le capacitará para empezar la inquisición.*

M.: Esto es tanto como decir que el buscador mencionado tiene discernimiento. No es solo una persona deseosa de la liberación, sino poseedora de un intelecto discernidor. Con *sravana* viene la facultad de discriminar entre lo real y lo irreal, o entre el Ser y el no ser. Esto se llama conocimiento indirecto. Las Escrituras dicen que solo quien posee conocimiento indirecto puede discernir entre lo real o el Ser y lo irreal o el no ser, y estar preparado de esta forma para la inquisición sobre el Ser. Por lo tanto, el discernimiento es la condición *sine qua non* para la inquisición.

8-12

D.: *Bien, si el deseo de liberación no es la causa particular de la* manana *(reflexión), ¿pueden serlo el desapasionamiento o la tranquilidad?*

M.: Todo eso son solo ayudas adicionales para la reflexión, pero no su causa particular. Un hombre tranquilo y carente de deseos no tiene necesariamente un conocimiento indirecto del Ser, y por lo tanto no sería válido para la inquisición sobre el Ser. Hay hombres austeros que no albergan deseos y que son tranquilos, pero no están ansiosos por la liberación. Al no tener deseos de liberación, no escucharán acerca del Ser.

D.: *¿Cómo puede decir que no están deseosos de la liberación?*

M.: Teniendo en cuenta que se dedican a realizar austeridades sin practicar *sadhana*, etc., que son las únicas entradas para alcanzar la liberación, se infiere la ausencia de deseo por la liberación.

D.: *No, ellos también pueden desear alcanzar la liberación.*

M.: Si así es, deben dejar las austeridades y permanecer con un maestro, ocupándose de escuchar acerca del Ser. Si se argumenta que ya han practicado *sravana* y obtenido el conocimiento indirecto, deben empeñarse en llevar a cabo la reflexión. Si no han practicado *sravana*, a pesar de estar dotados de una falta de deseos y de tranquilidad, son incapaces de discernir entre lo real y lo irreal, y por lo tanto no están preparados para la inquisición. La ausencia de deseos, etc., solo es una ayuda para la inquisición, y no es su causa principal. El discernimiento entre lo real y lo irreal es la única causa principal.

13-14

D.: *¿No puede el Ser realizarse por medio de austeridades junto con la ausencia de deseo y tranquilidad, y sin la inquisición?*

M.: No, pues en ausencia de la inquisición se pierde la visión del Ser, y es necesaria la inquisición para recobrarla. ¿Cómo pueden, en ausencia de la inquisición, incluso millones de austeridades recobrar esa visión? Inquirir continuamente acerca del Ser es el único remedio para la ceguera del ignorante, que ha enturbiado el ojo mental por la oscuridad de la no inquisición. A menos que se obtenga el ojo del conocimiento por medio de la inquisición, el Ser no puede realizarse.

15-16

D.: *¿Qué es la inquisición sobre el Ser?*

M.: La naturaleza de la inquisición sobre el Ser es buscar con un intelecto fijo dentro de las cinco envolturas al

Reflexión

Ser que brilla como el "yo" en el cuerpo, los sentidos, etc., y considerar quién es este Ser, dónde esta y cómo es. La inquisición con un intelecto sutil sobre la realidad, es decir, sobre el Ser interno a las cinco envolturas, debe ser continuamente proseguida.

17

D.: *Anteriormente dijo que el Ser es omnipenetrante. ¿Cómo puede buscarse el Ser omnipenetrante solo en las cinco envolturas? Además aseguró que las envolturas son irreales. ¿Cómo puede una inquisición sobre algo irreal llevar al reconocimiento de la realidad?*

18

M.: Verdaderamente, el Ser es omnipenetrante. Sin embargo, su conocimiento se ve oscurecido por la cubierta de las cinco envolturas. Dado que el Ser se halla escondido en ellas, se debe indagar solo en ellas y en ningún otro lugar. Se busca lo que se ha perdido en el lugar donde se perdió. Algo que se perdió en casa no se busca en el bosque; de la misma manera, el Ser, escondido en las cinco envolturas, ha de inquirirse en las cinco envolturas, desechando la falsa identificación con ellas y tamizando los elementos no deseados.

D.: *¿Cómo puede una investigación sobre elementos falsos llevar al reconocimiento de la realidad?*

M.: Se deben desechar las cubiertas para así destaparlas y ver la realidad escondida en ellas. Están sobreimpuestas al Ser real. Tienen que ser examinadas y determinadas como irreales, para que su sustrato, que es la única realidad, pueda conocerse. Mientras los entramados externos no sean examinados, su sustrato, que es la realidad, no podrá hallarse. ¿Ha sido alguien capaz en el mundo de encontrar la cuerda sin mirar e inquirir sobre la naturaleza de la serpiente aparente, a pesar de que está sobreimpuesta y es irreal? ¿O puede haber alguien que, después de haber inquirido sobre la serpiente sobreimpuesta, no haya encontrado su sustrato, la cuerda? Nadie. De la misma manera, debe obtenerse un conocimiento indirecto por medio de *sravana*. Las cinco envolturas están sobreimpuestas y son irreales, pero por medio de un intelecto agudo el buscador deberá sondear en el conocimiento indirecto, para tener la experiencia directa.

Igual que, al experimentar directamente el cuerpo denso, se sabe que está constituido de alimento y no es más que la envoltura material que cubre al Ser, se deben experimentar las otras cuatro envolturas como diferentes del Ser. Es necesario conocer las características de las cuatro envolturas restantes por medio de las Escrituras y el maestro, inquirir acerca de su naturaleza, experimentarlas, y a la vez reconocer que solo son envolturas y que se deben desechar sucesivamente buscando su testigo, la Conciencia-Existencia, el Ser sutil.

20

D.: *Si se debe inquirir sobre el Ser por medio de la investigación y desechando las envolturas, ¿cómo puede esto llevarse a cabo?*

M.: Esta inquisición no es más que la reflexión sobre el Ser, esto es, *manana;* su efecto es destruir el velo de la ignorancia. Una reflexión constante sobre el Ser, que subyace tras las cinco envolturas, debe quemar el aspecto de ocultamiento de la ignorancia que le hace a uno decir "no brilla externamente" (no es aprehendido).

D.: *¿Cómo puede ser esto?*

M.: De igual forma que la inquisición sobre la cuerda-serpiente destruye la ignorancia que hay sobre la cuerda, una aguda búsqueda del ser que permanece como el testigo de las cinco envolturas destruye la ignorancia que hace suponer que el Ser no se ve y que no brilla. Cuando las nubes se disipan, el sol brilla con todo su esplendor. De igual forma, cuando se destruye la oscuridad del ocultamiento, el Ser brilla en toda su gloria. Por lo tanto, la inquisición es necesaria.

21

D.: *Durante cuánto tiempo se debe continuar la inquisición sobre el Ser?*

M.: El no recrudecimiento se dice que es el límite de la reflexión. Por lo tanto, se debe continuar con la práctica hasta que la oscuridad de la ignorancia no se repita.

22-24

D.: *¿Puede volver de nuevo "el ocultamiento" una vez eliminado?*

M.: Sí. Mientras la duda reaparezca se debe inferir que existe esta ignorancia.

D.: *¿Cómo puede existir alguna duda después de haber realizado el Ser?*

M.: Inquiriendo sobre las cinco envolturas y desechándolas como irreales, se realiza al Ser como único, la conciencia testigo, más sutil que el espacio, pero parecido a un vacío. Una vez que las envolturas se han desechado como irreales y que no queda nada más que el Ser sutil, parecido a un vacío, puede aparecer el temor de que lo que queda no sea más que un vacío.

D.: *¿Cómo puede ser esto?*

M.: Trascendente a todo, el Ser no tiene nada en común con las cosas o actividades mundanas; incluso trasciende el vacío, por lo que la experiencia es única y supraterrenal. Pero tal vez aparezca una duda: "¿Puede ser este el Ser? Es imposible. ¿Cómo puede serlo si yo no soy un vacío?". Incluso después de haber realizado el Ser impartito, falta confianza en la propia experiencia. Se tienen dudas y no se considera posible lo experimentado. Por eso Vyasa dice en el *Brahma Sutra*: "A causa de la instrucción repetida (por las Escrituras), es necesario (oír, reflexionar y meditar sobre el Ser) repetidamente".

25

D.: *¿Cuál es el fruto de tal reflexión?*

M.: Mediante una práctica continua se destruye el oscurecimiento, el sentido de posibilidad de que el Ser brillante desaparezca. Con su desaparición todos los obstáculos llegan a su fin, y la experiencia directa es tan clara y segura como una manzana en la palma de la mano. Este es el fruto.

26

D.: *¿Qué es esta experiencia directa?*

M.: De la misma forma que se puede diferenciar entre el sol y la nube que lo oculta, cuando se distingue entre el

Ser y el ego se obtiene la experiencia directa. Este es el fruto de la reflexión.

27

M.: Hijo mío, inteligente muchacho, te he explicado la reflexión con detalle. Ahora es tu labor investigar sobre las cinco envolturas, desecharlas como irreales y, con el intelecto introvertido, encontrar el Ser sutil y distinguirlo después.

28

D.: *¡Oh maestro!, incluso con una aguda inquisición soy incapaz de decir: "Estas son las cinco envolturas, este es el Ser interno, distinto de ellas!". No puedo realizar el Ser directamente. ¿Por qué ocurre esto?*
M.: Esto es debido a la ignorancia carente de comienzo.
D.: *¿De dónde nace esta ignorancia?*
M.: Del mencionado oscurecimiento.
D.: *¿Cómo?*
M.: A pesar de que la naturaleza del Ser y del ego son bastante diferentes, el oscurecimiento anteriormente mencionado los presenta como si fueran idénticos.
D.: *Por favor, explíqueme esto.*
M.: Observa cómo a pesar de que la cuerda y la serpiente son muy distintos, se confunden por causa de la ignorancia. De igual manera, el Ser escondido en la oscuridad del ocultamiento no brilla, y en su lugar solo se ven las funciones del ego, actor, etc.

29-31

M.: Por lo tanto, inquiere sobre la naturaleza de las cinco envolturas, encuéntralas, realízalas y descártalas como el no ser. Debe haber un testigo inmutable de todos los cambios, que es el originador y destructor de los fenómenos. Búscalo, y realízalo como el Ser.

D.: *Si es distinto de todo fenómeno, ¿dónde puede estar ese testigo?*

M.: Hay una tríada compuesta por el conocedor, el conocimiento y lo conocido. De estos, el conocedor es el sujeto; el conocimiento, el intelecto, y lo conocido, los objetos. Esta tríada nace y se desarrolla en los estados de vigilia y sueño, y se sumerge en la inconsciencia en el sueño profundo. Aquel que, permaneciendo como la única conciencia invariable, ilumina y hace que aparezcan estos tres estados, es el testigo, el Ser.

32

D.: *Cuando, de acuerdo con sus instrucciones, inquiero sobre las cinco envolturas y las desecho como el no ser, no encuentro nada sino un vacío. ¿Dónde se encuentra el Ser?*

33-35

M.: Decir que no hay nada detrás de las cinco envolturas es como decir: "No tengo lengua para poder hablar".

D.: *¿Por qué?*

M.: A menos que uno tenga lengua, no podrá decir que no tiene lengua para hablar. De igual forma, si no hay un testigo del vacío, ¿cómo podremos atestiguar que este existe?. De otro modo, no podríamos asegurar nada.

Por esto, debido a que quien experimenta asegura que no hay nada, es obvio afirmar que existe un Ser que no revela o experimenta nada aparte de sí mismo.

D.: *Si es así, ¿por qué permanece desconocido?*

M.: El Ser lo ve todo, pero no es visto por nadie. Como es luminoso por sí mismo, puede, sin ninguna ayuda, conocer las cosas, pero nada hay capaz de conocerlo a él. Lo sabe todo, sabe que no hay cosa alguna, es el corazón interno de todo, permanece como el éter de la Conciencia no visto por nadie. Es impartito, el conocedor de todo, el Conocimiento puro: es el Ser.

36-43

D.: *¿Cómo permanece desconocido de todo y sin embargo conociéndolo todo?*

M.: Las envolturas parecen existir. Cuando son rechazadas, su ausencia es como un vacío o una nada. Las envolturas, el vacío y todo lo demás que aparece son inanimados y no pueden mostrarse por sí mismos, sino que deben ser vistos por un testigo. En ausencia de un observador, nada puede verse.

D.: *¿Por qué es eso así?*

M.: Los objetos, tales como un jarrón, etc., se manifiestan solo ante quien los ve; de otra forma, no existen. De igual manera, el vacío que se manifiesta detrás de las cinco envolturas aparece debido al que lo ve. Si este no existe, ¿cómo podría aparecer el vacío si nadie hay para verlo? Al no ser consciente sino inanimado, no puede mostrarse por sí mismo sin que haya un testigo que lo vea y lo reconozca.

D.: *A pesar de ser inanimado, puede manifestarse a sí mismo.*

M.: ¿Cómo van a poder manifestarse los objetos inanimados en ausencia de un testigo? Es imposible. El vacío que aparece como una nada es también inanimado, y por lo tanto no brilla por sí mismo. Debe ser iluminado y observado por una luz externa.

D.: ¿*Cómo*?

M.: De igual modo que las nubes en lo alto, y los demás objetos en la superficie de la Tierra, son iluminados por el Sol, que está miles de kilómetros más allá y que es efulgente, el vacío, etc., que se encuentran más allá del intelecto, así como los otros objetos imaginados, deben ser iluminados por la Conciencia trascendente y luminosa por sí misma. Más allá del vacío y distinto de él, hay un testigo que ve el vacío y todo lo demás. Es el Ser no conocido por cosa alguna, y que sin embargo lo conoce todo. Haz tu intelecto sutil, búscalo y realízalo.

44-45

Al quedarle clara la naturaleza del Ser, como una manzana en su mano, gracias a las palabras del maestro, el discípulo fue capaz de realizar el Ser. Y expresó su goce así:

D.: *"¡Oh maestro!, he experimentado directamente el Ser. Lo he conocido muy bien".*

M.: ¿Cómo encuentras que es el Ser?

D.: *Testigo de todos los objetos, del vacío, etc. Conocimiento consciente de todo, muy majestuoso, inestimable, inconfundible, más allá de los sentidos, ni denso ni sutil, ni atómico ni gigante, ni blanco ni negro ni de ningún otro color, ni oscuro ni claro, sino más puro y fino que el espacio. En él no se puede encontrar la más mínima traza de cambio. Debido a la luz* *de la Conciencia, todos los objetos y el vacío aparecen fuera y lejos del intelecto sin embargo, el Ser no tiene modificaciones.*

M.: ¿Cómo aparecen en el Ser las nociones de "yo soy gordo, delgado, etc."?

D.: *El factor de ocultamiento, propio de la ignorancia, esconde la verdadera naturaleza del Ser a la percepción de todos, y al no ver el Ser, todos lo confunden con las envolturas. Esto se debe solo a la ignorancia. En realidad no se produce la mas mínima modificación en el Ser. A pesar de ser puro e incoloro, el cielo parece azul; de un modo semejante, la ignorancia hace que el Ser parezca cambiante cuando en realidad permanece inmutable e inmaculado. Aquí y ahora se lo reconoce fácilmente. Nunca puede estar ausente. ¡Oh!, ¿No es una maravilla que a pesar de ser tan inmediato y real pasemos por la gran ilusión de que no se ve? Es como lo que les sucede a los búhos, que en la claridad del sol solo ven oscuridad. ¡Oh, el Ser es refulgente y manifiesto! Sin embargo, alrededor de nosotros se cierne una ilusión que nos hace pensar que "el Ser no se ve". ¡Realmente es extraño! ¿Puede haber oscuridad en el mediodía? Ante el siempre resplandeciente y siempre manifiesto Ser Supremo, ¿puede haber algún oscurecimiento? ¿De dónde puede haber nacido? ¿Cómo es posible incluso pensar en él? Realmente el ocultamiento es una ilusión, una mera palabra sin sentido.*

M.: Si no hay ocultamiento, ¿por qué y cómo se ocultó el Ser durante tanto tiempo?

D.: *A pesar de ser irreal, la ignorancia crece por la no inquisición del individuo. De igual forma que la no inquisición oculta la visión de la cuerda y la presenta como una serpiente, la no inquisición sobre el Ser lo oculta a la visión, fenómeno denominado poder de ocultamiento propio de la ignorancia sin comienzo. Ahora que el Ser ha sido realizado, el poder de* *ocultamiento no se ve por ninguna parte. El Ser está aquí y ahora como el testigo siempre brillante. ¡Maravilla de las maravillas! ¡Como la manzana en mi mano! He realizado el Ser. Señor, por su gracia estoy bendecido, mi tarea ha terminado.*

46-50

Escuchando las alegres palabras del discípulo, el maestro se siente complacido, y de lo siguiente:

M.: Sabio, estimado hijo mío, por la gracia de Dios has realizado lo que debe realizarse. Por su gracia se ha terminado tu ignorancia, algo difícil de alcanzar incluso para los eruditos. Uniendo todos los méritos de tus vidas anteriores, has conseguido obtener este fruto hoy. ¿Cuál será la excelencia de tus pasadas acciones que han dado este fruto? ¡Bendito seas! ¡Tu labor está terminada! ¡Eres un hombre realizado! ¡Qué bien que hayas obtenido eso que debe obtenerse por encima de todo! Para lograrlo se realizan grandes trabajos, votos, austeridades, adoración, yoga y otras laboriosas tareas, pero solo con conocerlo se han ido las penas de todos los esfuerzos. ¡Toda tu pena debe desvanecerse! ¡Toda la labor de tus vidas pasadas ha dado fruto hoy! Por la ignorancia de este Ente Supremo, toda la gente permanece sumergida en el océano fantasmagórico. En su ignorancia, confunden todos al cuerpo y sus adyacentes con el Ser, pero tú lo has encontrado. Por lo tanto, eres realmente sabio, realmente inteligente. No puede haber duda de esto. Hasta ahora has realizado el significado de "tú" en la frase "tú eres Eso". Continúa tu inquisición en la misma línea, y realiza el significado de "Eso" en la frase.

51-52

D.: *Por favor, maestro, explíqueme el significado literal e implícito de "Eso", de igual forma que me dijo que las envolturas y el testigo lo eran para "tú".*
M.: Todo el universo está compuesto de cinco factores: Existencia, Conocimiento, Bienaventuranza, nombre y forma.
D.: *Por favor, hábleme de los cinco factores de los objetos externos.*
M.: El hecho de que una vasija "sea" es su aspecto de existencia. Que aparezca, que sea perceptible, es su aspecto de conocimiento. Que sea deseada por nosotros es su aspecto de Bienaventuranza. Vasija es su nombre y su contorno es su forma. Así ocurre con todos los objetos. De estos cinco factores, los tres primeros son característicos de Brahmán, y los dos restantes del mundo. El significado literal o directo de "Eso" es el mundo de los factores, esto es, de los nombres y las formas. El significado implícito es Brahmán, compuesto de Existencia-Conocimiento-Bienaventuranza. De igual forma que la ignorancia sin comienzo oculta la diferencia entre el testigo y las envolturas, evidente por sí misma, oculta también la misma diferencia entre Existencia-Conocimiento-Bienaventuranza y nombre y forma. De nuevo la inquisición debe dispersar el poder de ocultar y verlos como diferentes.

53-54

D.: *¿Cuál es el fruto del conocimiento de los significados directo e implícito de "Eso" y "tú" en la frase "tú eres Eso"?*

M.: La frase habla de la identidad de "tú", el testigo de las cinco envolturas, y de "Eso", es decir, Brahmán, o la Existencia-Conocimiento-Bienaventuranza que subyace bajo los nombres y las formas del universo. Estos son los significados implícitos de "tú" y "Eso". No puede haber identidad entre las cinco envolturas (el significado directo de "Eso"). Por lo tanto, se deduce que las cinco envolturas, los nombres y las formas son solo ilusiones. Conocer al testigo y a Brahmán como uno solo, es el fruto del conocimiento.

D.: *¿Cómo pueden ser uno y lo mismo?*

M.: Dado que ambos son Existencia-Conocimiento-Bienaventuranza, deben ser lo mismo. De igual manera que el espacio contenido en un jarrón y el que hay en un espacio abierto tienen las mismas características, y por lo tanto son lo mismo, también el testigo y Brahmán, que comparten idénticas características, es decir, Existencia-Conocimiento-Bienaventuranza, son uno y el mismo. El espacio del jarrón es el del espacio abierto, y viceversa; así, el testigo es Brahmán y Brahmán es el testigo.

55-56

M.: Considerando que Brahmán es el Todo impartito y perfecto, y que el testigo es Brahmán, también este último debe ser impartito y perfecto Todo. Por lo tanto, queda establecido que el Ser es único, impartito y bienaventurado.

D.: *¿Cuál es el fruto de este conocimiento?*

M.: Rechazar las cinco envolturas, junto con los nombres y las formas de los objetos, como algo inexpresable, solo sobreimpuesto en la realidad. Practicar que el sustrato de lo anterior, esto es, Brahmán, Existencia-Conocimiento-Bienaventuranza, es el Ser. Y finalmente realizarlo como "yo soy Brahmán", con el resultado de la Suprema Bienaventuranza. Aquí termina el capítulo acerca de la reflexión.

57

El estudiante competente que lea cuidadosamente, y practique lo expuesto podrá realizarse a sí mismo como Brahmán, es decir, Existencia-Conocimiento-Bienaventuranza.

CAPÍTULO VI
LA ANIQUILACIÓN
DE LAS LATENCIAS
(Vasanaksaya)

1

Este capítulo sucede a los cinco anteriores, que trataban acerca de la sobreimposición, su supresión, los requisitos del buscador, la escucha y la reflexión. Al discípulo, que después de reflexionar sobre el Ser ha obtenido su conocimiento directo, el maestro le dice lo que sigue:

2

M.: Querido hijo, las Escrituras no tienen nada más que enseñarte, has terminado con ellas. De ahora en adelante debes meditar en el Ser. Las Escrituras dicen: "Querido, debe escucharse al Ser, reflexionar y meditar sobre él". Cuando concluyas la reflexión, debes proceder con la meditación. Ahora deja las Escrituras.

3-6

D.: ¿Es correcto abandonarlas?

M.: Sí, es apropiado. Ahora que por medio de la inquisición has conocido lo que se debe conocer, puedes abandonarlas sin vacilar.

D.: *Pero las Escrituras dicen que no se las debe abandonar hasta el momento de la muerte.*

M.: Su propósito es enseñar la Verdad. Después de que esta se ha alcanzado, ¿cuál es su utilidad? Un posterior estudio sería una gran pérdida de tiempo y energía. Por lo tanto, déjalas de lado. Dedícate a la meditación ininterrumpida.

D.: ¿Han aprobado las Escrituras lo que me dice?

M.: Sí.

D.: ¿Cómo?

M.: Dicen: "Después de escuchar repetidamente al maestro acerca del Ser, de reflexionar sobre él y de conocerlo directamente, el buscador debe abandonar las Escrituras, de la misma forma que un madero usado para llevar un cadáver a un crematorio es finalmente consumido por las llamas". De un estudio de la *Sastra* el estudiante obtiene un conocimiento indirecto del Ser, y lo pone en práctica, hasta que por medio de la reflexión se obtiene un conocimiento directo. Después, como un recogedor de grano, que toma los granos y desecha la paja, deja de lado las Escrituras. El hombre deseoso de alcanzar la liberación ha de hacer uso de las Escrituras solo para tener un conocimiento del Ser, y proceder a reflexionar sobre él. No debe simplemente hablar del Vedanta o solo pensar sobre los textos. La charla únicamente lleva a un cansancio de la palabra, y eso mismo ocurre al pensar sobre la mente. No se obtiene un propósito útil por medio de ambos. Por lo tanto, conoce solo lo que tienes que conocer, y abandona el cansado estudio. Controlando su palabra y su mente, un buscador se dedica en todo momento a la meditación. Esta es la enseñanza de las Escrituras.

7

M.: Querido hijo, ahora que has conocido lo que había que conocer de las Escrituras, debes borrar las impresiones dejadas por tus estudios.
D.: *¿Qué constituyen esas impresiones?*
M.: Es la inclinación de la mente a estudiar siempre la literatura védica, a comprender los significados de los textos, a memorizarlos y pensar constantemente sobre ellos. Dado que esa inclinación obstruye la meditación, un hombre sabio debe vencerla con esfuerzo. Después, las latencias conectadas con el mundo deben eliminarse.

8

D.: *¿Qué son esas latencias?*
M.: Pensar: "Este es mi país, ésta es mi familia, mi clase social, mi tradición...". Si alguien alaba o censura algo de lo mencionado, la mente reacciona, lo cual denota las latencias conectadas con el mundo. Abandónalas. Después deberás abandonar las latencias vinculadas al cuerpo.

9-13

D.: *¿Cuáles son?*

M.: Pensar que uno tiene tal o cual edad, que se es viejo o joven, desear una existencia llena de salud, fuerza y buena imagen. Generalmente los pensamientos pertenecientes al cuerpo indican estas latencias.

La ambición en el mundo y el apego por el cuerpo distraen a la mente y evitan la meditación en Brahmán. Dado que todos los objetos son efímeros, deben evitarse. Después las latencias conectadas con los goces deben abandonarse.

D.: *¿Cuáles son?*

M.: Están constituidas por pensamientos tales como "esto es bueno", "esto es malo", "debo tener esto", "he ganado tanto y deseo ganar más", etc.

D.: *¿Cómo puede vencerse esto último?*

M.: Puede vencerse mirando con disgusto los goces, como si fueran vómitos y excremento, y desarrollando el desapasionamiento hacia ellos. El desapasionamiento es el único remedio para esta loca ansia. Después de esto se debe limpiar la mente de las seis pasiones, es decir, la lujuria, la ira, la envidia, la ilusión, el orgullo y los celos.

D.: *¿Cómo se puede lograr?*

M.: Por *maitri, karuna, mudita* y *upeksha* (la amistad de los santos, la compasión por los afligidos, el goce de la felicidad de los virtuosos y la indiferencia ante los defectos de los pecadores respectivamente). Después se deben abandonar las latencias conectadas con los sentidos, tales como el sonido, etc. Estas latencias salen de los sentidos y van tras los objetos.

D.: *¿Cómo pueden eliminarse estas latencias?*

La aniquilación de las latencias

M.: Por la práctica de la séxtuple *sadhana,* consistente en *sama, dama, uparati, titiksha, samadhana* y *sradda* (retirar la mente cuando se exteriorice, control de los sentidos, no pensar en los objetos de los sentidos, paciencia, fijar la mente en la realidad, y fe, respectivamente). Después se deben controlar las latencias vinculadas con los apegos mutuos.

14-15

D.: *¿Cuáles son estos?*
M.: A pesar de que los sentidos son controlados, la mente siempre piensa sobre los objetos "aquí está eso", "allí está aquello", "es tal y cual", "es de esta forma o de la otra", etc. Debido a que la mente mora en los objetos, se apega a ellos. Esto se debe a las latencias conectadas con los apegos mentales.
D.: *¿Cómo puede ser controlado?*
M.: Por la práctica de *uparati,* es decir, desistir de todos los pensamientos después de haber razonado apropiadamente que son solo sueños infructuosos en mitad del día.

16

M.: Cuando se ha conseguido todo esto de una manera correcta, se debe eliminar al gran malvado, llamado comúnmente la latencia conectada con el sentido de la falsa identidad.

17

D.: *¿Cuál es esta latencia conectada con la falsa identidad?*
M.: Debido a la ignorancia sin comienzo, y desde tiempo inmemorial, el no ser es confundido con el Ser como "yo soy el cuerpo". Esta ignorancia es muy dura, y debe destruirse solo por la práctica de Brahmán.
D.: *¿Cuál es esta práctica?*

18-20

M.: Consiste en desechar cuerpo, sentidos, etc., como el no ser y recordar continuamente que "yo soy Brahmán", permaneciendo con la conciencia testigo de las envolturas inertes. Meditar en Brahmán en soledad, hablar o enseñar solo sobre Brahmán en compañía de otros, no hablar ni pensar de alguna otra cosa excepto él, y pensar de forma muy concentrada sobre él. Tal es la práctica. Mediante esto, se trasciende el ego y después se procede a limar la idea de "lo mío".

21-22

D.: *¿Cuál es la naturaleza de esta idea?*
M.: Consiste en el simple concepto de "lo mío" con respecto al cuerpo o cualquier otra cosa que le pertenezca, como la fama, el nombre, el vestido, la casta, la conducta o la profesión.
D.: *¿Cómo se elimina esto?*
M.: Por una firme meditación en la Realidad.
D.: *¿Cómo?*

La aniquilación de las latencias

M.: Siendo siempre consciente de que el cuerpo, sus intereses y efectos, goces y actividades, etc., son solo ficciones de la ignorancia sobre el Ser puro, y de que al igual que la aparición de la plata sobre el nácar, los ornamentos en el oro, el agua en el espejismo, el azul del cielo o las olas en el agua del mar, todo, con excepción del Ser, son solo falsas presentaciones o modos ilusorios del Ser. En realidad no hay nada más que nosotros mismos. Después se debe eliminar el sentido de diferenciación.

23-25

D.: *¿En que consiste este sentido de diferenciación?*
M.: Consiste en ideas como "yo soy el testigo de esto", "todo lo que es visto es inerte e ilusorio", "aquí está el mundo", "éstos son los individuos", "este de aquí es el discípulo y aquel de mas allá es el maestro", "este es Ishvara", etc. Esto debe desaparecer por la práctica de la no dualidad, que consiste en permanecer no dual, sólida Existencia-Conocimiento-Bienaventuranza, inmaculado y libre de pensamientos acerca de la realidad o la irrealidad, ignorante de sus efectos ilusorios y de la diferenciación externa o interna. Esto se consigue por la práctica del *samadhi nirvikalpa* (sin ideas). Así solo queda la experiencia de Brahmán.

Después de haber abandonado el sentido de diferenciación, se debe hacer lo mismo con el apego a la no dualidad.

26-27

D.: *¿Cómo ha de hacerse esto?*
M.: Incluso este estado debe pasar a la indescriptible e impensable realidad, absolutamente libre de modos y de la no dualidad incluso. La bienaventuranza de la liberación es solo y nada más. Cuando la mente se ha limpiado de todos los impulsos e impurezas, permanece inmaculada, transparente como el cristal, de modo que no se puede decir si existe o no existe, se une a la realidad trascendiendo la palabra y el pensamiento. Esta inmodificable e inmaculada fijeza de la mente es conocida como la realización o liberación en vida.

28

A pesar de que se haya alcanzado el Conocimiento directo del Ser, y hasta que se obtenga la liberación, para estar liberado en vida debe uno meditar continuamente en Brahmán, con un control apropiado de la mente y de los sentidos. Así termina este capítulo.

CAPÍTULO VII
REALIZACIÓN
(SAKSATKARA)

1

En el capítulo anterior se mencionó que primero se debe conseguir el Conocimiento directo, y después limpiar las latencias de la mente para que se realice Brahmán. Ahora se tratará acerca de la realización. El maestro dice:

M.: Hijo mío, ahora que has obtenido el Conocimiento directo por medio de la inquisición sobre el Ser, debes proceder con la meditación.

2

D.: *Maestro, ya que he obtenido el Conocimiento directo por medio de la inquisición y que mi tarea está terminada, ¿por qué debo meditar más, y con qué objetivo?*

3-4

M.: A pesar de que por la reflexión se haya obtenido el Conocimiento directo del Ser, Brahmán no puede realizarse sin la meditación. En orden a realizar "yo soy Brahmán", debes practicar la meditación.

5-6

D.: *Me pide que practique la meditación para realizar a Brahmán. Yo ya he obtenido el Conocimiento directo por la inquisición sobre los textos sagrados. ¿Por qué he de practicar ahora la meditación?*

M.: Si lo que quieres decir es que la inquisición sobre los textos sagrados culmina en la realización de Brahmán, ¿quién puede negarlo? Nadie. Verdaderamente esta inquisición debe culminar en la realización del Ser.

Investiguemos ahora sobre el significado del texto. ¿De quién es la identidad que se implica y con qué? La conciencia testigo de las cinco envolturas del *jiva* debe ser lo que se refiere con el término "tú", y Brahmán debe ser el término implícito en "Eso", ya que no puede ser la entidad individual. Por la inquisición se halla la identificación de la conciencia testigo con Brahmán. ¿De qué te puede servir tal identificación del testigo con Brahmán?

7

D.: *Inquiriendo sobre el significado del texto sagrado, cuando uno ha realizado que el testigo es Brahmán y viceversa, no puede surgir la pregunta: "¿De qué utilidad puede ser para la* *persona?". Su utilidad es evidente. Anteriormente el buscador era ignorante de tal identidad y ahora es consciente de ella.*

M.: Por la inquisición has conocido ciertamente que el testigo es Brahmán, y que el impartito y perfecto Brahmán es el testigo. Sin embargo, este conocimiento no es el fin y no puede servir a tu propósito. Imagina que un pobre pedigüeño, ignorante del hecho de que el rey que vive en un castillo es el emperador del mundo, un día lo conoce. ¿Cómo mejora la situación del pobre el conocimiento recién adquirido? No le sirve de nada.

8

D.: *Antes de la inquisición, la ignorancia prevalece. Después de la inquisición, se obtiene el conocimiento de que el testigo es Brahmán. Ahora el Conocimiento ha tomado el lugar de la ignorancia. Esta es la utilidad.*

M.: ¿Cómo afecta esto al hecho? Lo supieras o no, el testigo siempre será Brahmán. Tu conocimiento de ello no ha hecho de Brahmán el testigo. Independientemente de que el pobre lo supiera o no, el rey del castillo sería el emperador. Su conocimiento no hizo un emperador del rey del castillo. Ahora que sabes que el testigo es Brahmán, ¿qué te ha sucedido? Dime. No puede haber cambio en ti.

9

D.: *¿Por qué no? Hay una diferencia. El texto sagrado enseña "tú eres Eso". Inquiriendo sobre su significado, he hallado que el testigo de las cinco envolturas en mí es el mismo que Brahmán. De esto he deducido que "yo soy Brahmán", que* *es otra frase. A mí, que era ignorante de que el testigo era el mismo que Brahmán, este conocimiento me ha iluminado, con el resultado de que he realizado a Brahmán.*

M.: ¿Cómo puedes proclamar que has realizado a Brahmán? Si por la frase "yo soy Brahmán" entiendes que tú eres Brahmán, ¿quién es este "yo" sino el *jiva*, el ser individual o el ego? ¿Cómo puede este ego ser Brahmán? De igual forma que con el conocimiento del rey el pobre no se hizo un rey, el cambiante ego no puede ser idéntico al inmutable Brahmán.

10-14

D.: *Ciertamente. Pero inquiriendo "¿quién soy yo?" se hace claro que, debido a la no inquisición, el testigo inmutable se ha identificado con el ego. Ahora sabe que "yo no soy el cambiante ego, sino que permanezco como el testigo inmutable". Así se comprende que el testigo pueda decir: "Yo soy Brahmán". ¿Qué puede haber de discordante en esto?*

M.: ¿Cómo puedes mantener que el testigo dice: "Yo soy Brahmán"? ¿Lo dice el testigo inmutable o el ego mutable? Si aseguras que ves el testigo, no estás en lo cierto, pues él permanece inmutable como testigo del concepto "yo". Él no es el concepto mismo. De otra forma no podría tener la cualidad de testigo inmutable. Dado que es inmutable, el testigo es libre de la más mínima partícula de noción del "yo" o de Brahmán, y por lo tanto no puede conocer "yo soy Brahmán". No hay fundamento para que tu afirmación de que el testigo lo diga sea probable.

D.: *Entonces ¿quién conoce "yo soy Brahmán"?*

Realización

M.: De lo que se ha dicho anteriormente, debe deducirse que el ser individual, el *jiva* o concepto "yo", es quien tiene ese conocimiento.

D.: *¿Qué se deduce de esto?*

M.: A fin de liberarse del repetido ciclo de nacimientos y muertes, el hombre ignorante se ve obligado a practicar el conocimiento "yo soy Brahmán". No hay ignorancia para el testigo. Cuando no hay ignorancia tampoco puede haber conocimiento. Solo el ignorante debe buscar el conocimiento. Es evidente que si el Ser-testigo es el sustrato sobre el cual aparecen el conocimiento o la ignorancia, ha de ser libre de ellos. Por el contrario, se sabe que es el concepto "yo" quien tiene el conocimiento o la ignorancia. Si le preguntaras al concepto "yo": "¿Sabes que el Ser es tu testigo?", te respondería: "¿Quién es ese testigo? No lo conozco". Por esto se hace obvia la ignorancia del concepto "yo".

Por la escucha del Vedanta, que dice que hay un testigo del ego, este conoce indirectamente que el Ser, es el testigo. Entonces, por medio de la inquisición sobre el Ser se elimina la ignorancia de que este no brilla externamente y se conoce directamente el Ser-testigo. De nuevo se hace patente el conocimiento del concepto "yo". Es solo el *jiva*, y no el testigo, el que tiene el conocimiento y la ignorancia de que existe o no existe un testigo interno. Ahora debes admitir que es el *jiva* el que tiene el conocimiento "yo soy Brahmán". Debido a que el *jiva* se ha vuelto consciente del testigo inmutable, no puede él mismo ser el testigo. Solo por haber visto al rey, el pobre no se hace rico. Así pues, el ego cambiante no puede ser el testigo. Si el Ser no es testigo, ninguna entidad puede ser Brahmán. De modo que la experiencia "yo soy Brahmán" es imposible.

15

D.: *¿Cómo puede decir que simplemente por ver al testigo no puedo saber que yo soy el testigo? Ignorante de la verdad de que es el sustrato o la conciencia testigo, el* jiva *se mueve de aquí para allá como el concepto "yo". De todas formas, con una inquisición cuidadosa sobre su propia naturaleza llega a conocer al testigo y se identifica con él, el bien conocido, impartito y perfecto Brahmán. Por lo tanto, la experiencia "yo soy Brahmán" es real.*

M.: Lo que dices es cierto siempre que el *jiva* pueda identificarse como el testigo. El testigo es indudablemente Brahmán. Pero ¿cómo ayuda la mera visión del testigo a sumergir en él al *jiva*? Hasta que el *jiva* sea el testigo, no puede reconocerse como tal. Simplemente por ver un rey, un pobre pedigüeño no se reconoce como un rey, pero cuando se convierte en rey, si puede hacerlo. De forma similar, el *jiva*, permaneciendo cambiante y sin convertirse en el inmutable testigo, no se puede reconocer como el testigo, y si eso es así, ¿cómo puede ser el impartito y perfecto Brahmán? No puede ser. De igual forma que la visión de un rey en un castillo no convierte en rey a un pedigüeño, y mucho menos en todopoderoso del universo, por la sola visión del testigo, que es mucho más puro que el éter y que está libre de las relaciones de las tríadas (como, por ejemplo, el conocedor, el conocimiento y lo conocido), que es eterno, puro, libre, supremo, real y bienaventurado, el *jiva* no se convierte en el testigo, y mucho menos en el impartito, omniperfecto Brahmán, y por lo tanto le es imposible conocer "yo soy Brahmán".

16

D.: *Si es así, ¿por qué tienen la misma terminación de caso gramatical y por qué se sitúan en yuxtaposición en la frase sagrada "yo soy Brahmán"? De acuerdo con las reglas gramaticales, la* Sruti *otorga la misma categoría al* jiva *y a Brahmán. ¿Cómo se explica esto?*

17-18

M.: La concordancia común a las dos palabras en yuxtaposición es de dos tipos: *mukhya* y *badha,* esto es, condicional e incondicional. Aquí la *Sruti* no transmite un significado incondicional.
D.: *¿Qué es el significado incondicional?*
M.: El espacio dentro de un jarrón tiene las mismas características que el que hay dentro de otro jarrón, o en una habitación, o al aire libre. Por lo tanto, un espacio es igual que el otro. De igual forma ocurre con el fuego, el agua, la tierra, la luz del sol, etc. El Dios de una imagen es el mismo que el de otra, y la conciencia testigo en un ser es la misma que en otro. La *Sruti* no quiere decir que se produzca este tipo de identificación entre el *jiva* y Brahmán, sino que indica otra, el significado condicional.
D.: *¿Cuáles?*
M.: Descartando todas las apariencias, la igualdad del sustrato en todo.
D.: *Por favor, explique esto.*

M.: "Yo soy Brahmán" significa que, después de haber desechado el concepto "yo", solo queda un ser residual de pura conciencia, que no puede ser otro que Brahmán. Es absurdo decir que sin desechar la individualidad, el *jiva*, por el hecho de ver a Brahmán pero no convirtiéndose en él, se pueda reconocer como Brahmán. Un pobre pedigüeño debe primero dejar de ser pedigüeño y obtener el gobierno sobre un estado para poder reconocerse como un rey. Un hombre deseoso de la divinidad se tira al Ganges y, abandonando su cuerpo, se convierte en un ser celestial. Por su extraordinaria devoción un devoto abandona su cuerpo y se sumerge en Dios, gracias a un conocimiento anterior de que él mismo es Dios. En todos estos casos, cuando el pobre se reconoce como un rey, el hombre como un ser celestial o el devoto como Dios, no pueden retener su individualidad previa e identificarse con unos seres superiores. De igual forma, un buscador de la liberación debe primero dejar de ser una individualidad antes de afirmar: "Yo soy Brahmán". Este es el significado del texto sagrado. Sin perder completamente la individualidad uno no puede convertirse en Brahmán. Por lo tanto, para la realización de Brahmán, la pérdida de la individualidad es condición *sine qua non*.

D.: *La mutable alma individual no puede ser Brahmán. Incluso si se libra de la individualidad, ¿cómo puede convertirse en Brahmán?*

19

M.: De la misma forma que una larva, perdiendo su naturaleza, se convierte en una avispa. La avispa produce la larva y la guarda en el enjambre. De vez en cuando la visita y la aguijonea, de modo que la aterroriza continuamente. El hecho de pensar constantemente en su torturadora hace que la larva se convierta en avispa. De igual manera, meditar constantemente en Brahmán hace que el buscador pierda su anterior naturaleza y se convierta en Brahmán. Esta es la realización de Brahmán.

20

D.: *Esto no puede ilustrar la cuestión, puesto que el* jiva *es falso y está falsamente sobreimpuesto al Ser puro, Brahmán, que es la realidad. Cuando algo que es falso ha perdido su falsedad, se va toda su entidad, ¿cómo puede convertirse en real?*

21

M.: Tu duda de cómo una falsedad sobreimpuesta se convierte en su sustrato es de fácil solución. Observa como la plata-nácar cesa de ser plata y se queda solo cómo nácar. O cómo la serpiente-cuerda cesa de ser serpiente y se convierte en cuerda. Algo similar ocurre con el *jiva* sobreimpuesto a la realidad, Brahmán.

D.: *Esas son* nihirupadhika bhrama *(ilusiones que no están condicionadas), mientras que la aparición del* jiva *es* sopadhika bhrama *(condicionada), y aparece como una sobreimposición solo ante la facultad interna, la mente. Mientras haya mente, habrá* jiva, *o el ser individual, siendo la mente un resultado del karma pasado. Mientras este último no se agote, el* jiva *estará presente. Del mismo modo que el reflejo de la propia cara está de forma casual en el espejo,* *o en el agua, así lo está la individualidad sobre la mente, el efecto del karma pasado. ¿Cómo se puede desechar esta individualidad?*

M.: Indudablemente, la individualidad persiste mientras existe la mente. De igual forma que la imagen reflejada en el espejo desaparece con la retirada del espejo, la individualidad puede eliminarse calmando la mente con la meditación.

D.: *Si se pierde la individualidad, el* jiva *deviene un vacío, y haciéndose un vacío, ¿cómo puede convertirse en Brahmán?*

M.: El *jiva* es solo una falsa aparición que no es diferente de su sustrato. Está condicionada por la ignorancia o la mente. Al desaparecer estos últimos, el *jiva* queda como el sustrato, igual que en el caso de una persona de un sueño.

22-23

D.: ¿Cómo?

M.: El hombre de vigilia funciona como un *taijasa* (soñador) en sus sueños. El soñador no es idéntico ni diferente del experimentador del estado de *visva* (vigilia). El hombre echado en la cama no se mueve de su sitio, mientras que el que sueña se mueve por multitud de lugares, ocupado en innumerables tareas. Este último no puede ser el que está echado en la cama. ¿Puede ser dos a la vez? No, nada de eso. Cuando se despierta del sueño, el hombre dice: "Yendo despacio, en mi sueño, caminé por tales lugares, hice tales cosas y era feliz o no lo era". Claramente se ve que se identificaba con el experimentador del sueño. Además, no cabe otro experimentador.

D.: *Ni diferente ni idéntico del experimentador del estado de vigilia, ¿quién es ese experimentador del sueño?*

M.: Al tratarse de una creación del poder ilusorio del sueño, el experimentador es solo una ilusión, como la de la serpiente y la cuerda. Con el final del poder ilusorio del sueño, el soñador se desvanece para convertirse en el sustrato real del sueño, el estado de vigilia. De forma similar, el ser empírico, el *jiva*, no es ni el inmutable Brahmán ni diferente de él. El Ser se refleja en la facultad interna, la mente, engañada por la ignorancia, y tal reflejo se presenta como el ser empírico, cambiante e individual. Esta es una falsa apariencia sobreimpuesta. Dado que la sobreimposición no puede existir aparte del sustrato, este ser empírico no puede ser otro que el Ser Supremo.

D.: *¿Quién es?*

M.: Debido a que aparece de forma reiterativa en la mente creada por la ignorancia y desaparece en el sueño profundo, los desmayos, etc., puede inferirse que este ser empírico no es más que un fantasma. Simultáneamente con la desaparición del medio o *upadthi* (añadido limitador), la mente, el *jiva* se convierte en el sustrato, el Ser verdadero o Brahmán. Destruyendo la mente, el *jiva* se puede reconocer como Brahmán.

24

D.: *Con la destrucción del añadido limitador, después de que haya desaparecido el* jiva, *¿cómo puede decir: "Yo soy Brahmán"?*

M.: Cuando la ignorancia limitadora del sueño desaparece, el soñador no se pierde o se desvanece, sino que emerge al estado de vigilia. De igual manera, cuando la mente desaparece, el *jiva* emerge a su propia naturaleza: Brahmán. Por lo tanto, tan pronto como la mente sea aniquilada, sin dejar traza alguna tras de sí, el *jiva* seguramente realizará "yo soy la Existencia-Conocimiento-Bienaventuranza, el Brahmán no dual, el Ser".

D.: *En tal caso el estado sería de no modificación, como el de sueño profundo. ¿Cómo puede entonces existir la experiencia "yo soy Brahmán"?*

M.: De igual modo que con la finalización del sueño el soñador se despierta a las experiencias de vigilia y dice: "Todo el tiempo estuve soñando que paseaba por extraños lugares, etc., pero en realidad solo estuve aquí en la cama"; igual que un hombre loco curado de su enfermedad y que se encuentra ahora a gusto consigo mismo, o un paciente que ha sanado de sus dolencias, o un pobre que se vuelve muy rico, todos ellos olvidan sus pasadas penurias o se ríen de ellas; igual que otros, que tras convertirse en seres celestiales gozan de una nueva felicidad, y los devotos permanecen extáticos al unirse a su Señor, así el *jiva*, emergiendo como Brahmán, se asombra de cuánto tiempo estuvo vagando como un desdichado, imaginando un mundo, un Dios y otras individualidades, se pregunta qué ha ocurrido con todas esas fantasías y cómo es que ahora permanece como Existencia-Conocimiento-Bienaventuranza, libre de toda diferenciación, interna y externa. Esta realización es posible para el jiva con la destrucción de la mente, y no de otro modo.

25

D.: *La experiencia solo puede ser de la mente. Cuando es destruida, ¿quién puede tener la experiencia "yo soy Brahmán"?*

M.: Tienes razón. La destrucción de la mente es de dos tipos: *rupa* y *arupa,* es decir, en su aspecto con forma y en su aspecto sin forma. Todo lo que he hablado hasta ahora se refería al primer tipo. Cuando desaparece en su segundo aspecto, no hay experiencia posible.

D.: *Por favor, explique estos dos tipos o formas de mente y de destrucción.*

M.: Las impresiones *vasallas* (latentes) que se manifiestan como los *vrittis* (modos) constituyen el aspecto con forma de la mente. Por otro lado, cuando desaparecen las latencias, en el estado de *samadhi*, en el que no hay estupor de sueño ni visión del mundo, sino solo el inmodificable Ser-Conocimiento-Bienaventuranza, estamos ante el aspecto sin forma de la mente. La pérdida de esto último es tanto como perder el aspecto sin forma de la mente. Cuando esto sucede, no hay experiencia, ni siquiera de la realización del Ser.

D.: *¿Cuándo tiene lugar esta destrucción?*

M.: Con el abandono del cuerpo del ser liberado. No puede ocurrir mientras el cuerpo tenga vida. La mente se pierde en su aspecto con forma, pero no aquel sin forma de Brahmán. De ahí la experiencia de Bienaventuranza del sabio liberado en vida.

26-27

D.: *En resumen, ¿qué es la realización?*

M.: Destruir la mente en su aspecto con forma, que funciona como el añadido limitador del individuo. Recobrar la mente pura en su aspecto sin forma, cuya naturaleza es solo Existencia-Conocimiento-Bienaventuranza, y experimentar "yo soy Brahmán", eso es la realización.

D.: *¿Este punto de vista es apoyado también por otros?*

M.: Sí, Shankaracharya dice: "De igual forma que en el estado de ignorancia, inconsciente de la identidad del Ser con Brahmán, solo creemos ser el cuerpo, una vez libres de la ilusión de que el cuerpo es el Ser, y siendo inconscientes del cuerpo, indudable e infaliblemente experimentamos el Ser como la Existencia-Conocimiento-Bienaventuranza idéntica con Brahmán. Esto es la realización".

28

D.: *Permanecer firme en el Ser es la realización, aseguran los sabios. ¿Dónde y quién lo dice?*

29

M.: Vasishta lo dice en el *Yoga Vasishta:* "De igual forma que la mente de una piedra permanece quieta y sin modificación y, como el interior de la piedra, no es modificada y se halla libre de pensamientos, y no se encuentra soñando ni en dualidad, así es el hecho de estar fijo en el Ser real".

Realización

30-31

Por lo tanto, sin borrar el aspecto con forma de la mente y sin permanecer fijo como el Ser Supremo, ¿cómo puede alguien realizar "yo soy Brahmán"? Es imposible. En breve, se debe calmar la mente para destruir la propia individualidad, y así permanecer fijo como el Ser real de Existencia-Conocimiento-Bienaventuranza, para que en concordancia con la frase "yo soy Brahmán" uno pueda realizar a Brahmán. Por otra parte, decir, bajo la excusa del Conocimiento directo de Brahmán, que "yo soy Brahmán" es tan tonto como que el mendigo que ve un rey se proclame rey. No es proclamarlo con palabras, sino estar fijo en el Ser real y conocer "yo soy Brahmán", lo que es la realización.

32

D.: *¿Cómo es el sabio que, sin ningún tipo de dudas, sin error y con firmeza, ha realizado a Brahmán?*

M.: Siempre permaneciendo como el Brahmán único, Existencia-Conocimiento-Bienaventuranza, no dual, perfecto en todo, será inconmovible, incluso mientras experimenta los resultados del karma pasado que ahora da *prarabdha* (fruto).

33-35

D.: *Siendo solo Brahmán, ¿cómo puede estar sujeto a las experiencias y actividades que resulten del karma pasado?*

M.: Para el sabio que está firmemente establecido en la realidad no queda karma pasado. En su ausencia, no puede haber fruto y, por tanto, no hay ni experimentador ni actividad. Al ser solo el inmodificable Brahmán, no puede haber experimentador, ni experiencias, ni objetos de experiencia. Por lo tanto, no se puede decir que haya para él karma pasado.

D.: *¿Por qué no podemos decir que el karma mismo se está consumiendo?*

M.: ¿Quién hace la pregunta? Debe de ser alguien que está engañado y no un sabio.

D.: *¿Porqué?*

M.: La experiencia implica engaño; sin la una, la otra no puede existir. A menos que haya un objeto no puede haber experiencia. Todo conocimiento objetivo es un engaño. No hay dualidad en Brahmán. Por lo tanto, el experimentador debe ser un ignorante y no un sabio. Como ha inquirido sobre la naturaleza de las cosas y sabe que son solo nombres y formas nacidas de la ignorancia, el sabio permanece fijo como Brahmán y conoce que todo es únicamente Brahmán. ¿Quién va a gozar de qué? Nadie y nada. Por lo tanto, para el sabio no hay karma pasado, ni goces presentes, ni actividad alguna.

36-37

D.: *Sin embargo, no le vemos libre de la experiencia del karma pasado. Por el contrario, le vemos pasar por él como cualquier hombre ignorante ordinario. ¿Cómo se explica esto?*

M.: Para su visión existen el karma pasado, los goces o las actividades.

D.: *¿Cuál es su visión?*

M.: Para él solo existe el puro e inmaculado éter de la Conciencia Absoluta.

D.: *Pero, ¿cómo es que se le ve pasar por todas las experiencias?*

M.: Solo otros le ven hacerlo. Él no es consciente de ello.

38-39

D.: *¿Es este punto de vista confirmado por las autoridades?*
M.: En el *Viveka Chudamani,* Sankaracharyaji dice: "Simultáneamente con el amanecer del Conocimiento, la ignorancia y todos sus efectos desaparecen del sabio, y no puede de ninguna forma ser quien goza. Sin embargo, el ignorante se pregunta cómo es que el sabio continúa viviendo en el cuerpo y actuando como los otros. Desde el punto de vista del ignorante, las Escrituras han aceptado el hecho del karma pasado, pero no desde el punto de vista del sabio mismo".

40

D.: *Si realmente no es el que goza, ¿por qué aparece ante los otros como tal?*
M.: Los demás, debido a su ignorancia, le consideran el experimentador.

41-43

D.: *¿Puede esto ser así?*
M.: Sí. Solo para el ignorante el Ser puro y no dual de Conocimiento Absoluto se manifiesta como varios seres: el mundo, Dios, diferentes nombres y formas, yo, tú, él, esto, eso, aquello. Al igual que la ilusión del hombre y el poste, la plata y el nácar, la serpiente y la cuerda, los utensilios y el barro o los ornamentos y el oro, los diferentes nombres y formas en el espacio

del Conocimiento engañan al ignorante. El sabio que, por la práctica del Conocimiento, ha destruido la ignorancia y obtenido el verdadero conocimiento siempre permanecerá como el éter del Conocimiento Absoluto, inconsciente de los goces o los frutos de las acciones, o de las actividades mundanas. En calidad de Eso, solo puede ser consciente como éter del Conocimiento. No obstante, debido a su ignorancia, otros le ven de otra forma, es decir, como un ser encarnado que actúa como los demás. Pero él permanece solo, puro, inmaculado y sin actividad alguna.

44-46

D.: *¿Se puede ilustrar cómo el sabio permanece inactivo, pero parenciendo activo a los demás?*
M.: Dos amigos sueñan uno al lado de otro. Uno de ellos se encuentra en un sueño profundo, mientras que el otro sueña que está paseando con su amigo. A pesar de que se halla en completo reposo, este hombre le parece activo a su compañero. De modo similar, aunque el sabio permanece inactivo como el bienaventurado éter del Conocimiento Absoluto, les parece activo a quienes, en su ignorancia, están atrapados por los nombres y por las formas. Ahora debe quedar claro que el sabio realizado, como es el Ser puro, no se halla involucrado en la acción, sino que solo parece estarlo.

47-48

D.: *Ahora que no hay acción de ningún tipo debido a que no existe experimentador, todo debe ser como una ilusión. El*

Conocimiento puede destruir el karma sanchita y agami (almacenado y el futuro), pero no el karma que ya ha comenzado a dar prarabdha *(fruto). Mientras que esté ahí incluso desde su punto de vista, la actividad persistirá, aunque sea ilusoria.*

M.: Esto no puede ser. ¿En qué estado existen estos tres tipos de karma? ¿En ignorancia o en conocimiento? Debido al engaño, se debe decir que operan únicamente en la ignorancia. Pero en el Conocimiento no hay engaño, no hay *prarabdha*. Permaneciendo siempre consciente de que es el Ser trascendental, ¿cómo le va a afectar la ilusión de la fructificación? ¿Puede volverle la ilusión de una experiencia del sueño a alguien que ya se ha despertado? Al sabio que está libre de la ilusión no puede afectarle, ni existir para él la experiencia del karma. Siempre permanece inconsciente del mundo y consciente del Ser como el éter inmodificado del Conocimiento absoluto, no dual, impartito, único, sólido y de ninguna otra cosa.

49

D.: *El Upanishad admite el karma pasado en el pasaje: "Mientras su karma pasado no está agotado, el sabio no puede abandonar el cuerpo, y habrá actividades ilusorias para él".*

M.: No estás en lo cierto. Las actividades, los frutos de las acciones y el mundo le parecen ilusorios al practicante del conocimiento y desaparecen completamente para el sabio realizado. El practicante hace así su práctica: "Yo soy el testigo; conozco las actividades y los objetos. Permanezco consciente, y estos son inanimados. Solo Brahmán es real, todo lo demás es irreal". La práctica culmina con la realización de que todo eso que es inanimado, constituido por nombres y formas, no puede existir en el pasado, presente y futuro, y por lo tanto se debe desvanecer. Al no haber nada que presenciar, el testigo se sumerge en Brahmán. Solo el Ser queda como Brahmán. Para el sabio, consciente solo de Brahmán, solo queda el Ser, y ningún pensamiento de karma o actividades mundanas.

D.: *Entonces, ¿en conexión con qué menciona la* Sruti *el karma pasado?*
M.: No se refiere al sabio realizado.
D.: *¿A quién entonces?*
M.: Solo al ignorante.
D.: *¿Por qué?*
M.: Aunque desde el propio punto de vista del sabio él mismo no tiene conciencia del goce del fruto de las acciones, el ignorante se engaña viendo las actividades de dicho sabio. Incluso si se le dice que para aquel no hay goce, el ignorante no lo aceptará y continuará creyendo que el sabio sigue activo. Para eliminar tal duda, la *Sruti* le dice al ignorante que todavía hay *prarabdha* para el sabio. Por lo tanto, cuando habla del *prabdha karma* no se refiere al punto de vista del sabio, sino del ignorante.

50-51

D.: *La realización es el resultado de la completa aniquilación de la individualidad. Pero ¿quién consentirá en eliminar su individualidad?*
M.: Deseoso de cruzar el océano de la miseria de los nacimientos y las muertes repetidos, y de realizar el Brahmán puro y eterno, uno sacrificará rápidamente su

Realización

individualidad. De igual forma que un hombre ansioso por convertirse en un ser celestial se consigna deseoso al fuego o al Ganges para conseguir su fin y dejar de ser un humano para pasar a ser una divinidad, el buscador de la Verdad practicará *sravana*, *manana* y *nidhidhyasana*, y sacrificará su individualidad para convertirse en el Supremo Brahmán.

52

Aquí termina el capítulo sobre la realización. Estudiándolo diligentemente y comprendiéndolo, el buscador eliminará su mente, el añadido limitador que hace que se manifieste el individuo, y vivirá siempre como Brahmán solo.

CAPÍTULO VIII
LA EXTINCIÓN DE LA MENTE
(Manonasa)

1

En el capítulo anterior, el maestro lo enseñó todo acerca de la realización del Brahmán no dual. Ahora tratará sobre la extinción de la mente como único medio para conseguirlo.

M.: ¡Hijo mío!, abandona la mente, cuyo añadido limitador da lugar a la individualidad, causando de esta forma la gran enfermedad de los repetidos nacimientos y muertes. Abandónala y realiza Brahmán.

2

D.: *Maestro, ¿cómo se puede extinguir la mente? ¿No es muy difícil hacerlo? ¿No es la mente muy poderosa, ingobernable y siempre vacilante? ¿Cómo se puede abandonar la mente?*

3-4

M.: Dejar la mente es muy fácil, tan fácil como aplastar una delicada flor, como quitar un pelo de un trozo de mantequilla o como parpadear. No lo dudes. Para un buscador decidido y que se controla a sí mismo, que no es arrastrado por los sentidos, sino que es de un desapasionamiento muy fuerte hacia los objetos externos, no puede haber la más mínima dificultad para abandonar la mente.

D.: *¿Cómo es que resulta tan fácil?*

M.: La cuestión de la dificultad nace cuando hay una mente que abandonar. Verdaderamente hablando, no hay mente. Cuando se le dice: "Ahí hay un fantasma", al niño se le engaña con la creencia en el fantasma inexistente, y es presa del pánico, la miseria y los problemas. De igual forma, el inmaculado Brahmán, cuando imagina objetos que no existen, como esto y aquello, da lugar a una falsa entidad conocida por la mente, que parece real y que funciona como esto y aquello. Aunque parece incontrolable y poderosa para el incauto, no lo es para el buscador que discierne y se controla a sí mismo, que conoce su naturaleza y la vence rápidamente. Solo un tonto, ignorante de su naturaleza, dice que es muy difícil.

5-10

D.: *¿Cuál es la naturaleza de la mente?*

M.: Pensar esto y aquello. En ausencia de pensamiento, no hay mente. Cuando los pensamientos se han extinguido, la mente queda solo como un nombre, igual que los cuernos de una liebre, es decir, se desvanece como una entidad no existente, como el hijo de una mujer estéril o una flor en medio del cielo. Esto se menciona también en el *Yoga Vasishta*.

D.: *¿Cómo?*

M.: Vasishta dice: "¡Escucha, oh Rama!. No hay nada de lo que se pueda hablar como mente. De igual forma que el éter existe sin forma, la mente existe como un vacío inanimado. Solo existe en nombre, no tiene forma. No está fuera, ni en el corazón. Sin embargo, como el espacio, a pesar de no tener forma, lo llena todo".

D.: *¿Cómo puede ser esto?*

M.: Siempre que aparezca un pensamiento como esto y aquello, hay mente.

D.: *Si hay mente allí donde hay pensamiento, ¿son ambos diferentes?*

M.: El pensamiento es el índice de la mente. Cuando aparece un pensamiento, se infiere una mente. Por lo tanto, la mente no es más que pensamiento. El pensamiento es la mente misma.

D.: *¿Qué es un "pensamiento"?*

M.: Un pensamiento es una imaginación. El estado libre de pensamientos es la *Shivasvarupa* (Bienaventuranza suprema). Los pensamientos son de dos tipos: de cosas experimentadas que se recuerdan y de cosas no experimentadas.

11

D.: *Para comenzar, dígame, por favor, qué es un pensamiento.*

M.: Los sabios dicen que no es más que pensar sobre cualquier objeto externo, como "esto", "aquello", "es o no es", "de esta forma o de la otra", etc.

12-13

D.: *¿Por qué se clasifican en cosas experimentadas y no experimentadas?*

M.: En los objetos de los sentidos, tales como el sonido, el tacto, etc., que ya fueron experimentados ("yo vi", "yo toqué", "yo escuché") se piensa como algo visto, escuchado, tocado, es decir, como un recuerdo de cosas ya experimentadas. Evocar a la mente cosas no experimentadas es el pensamiento de cosas no experimentadas.

14

D.: *Los pensamientos sobre cosas experimentadas son razonables. Pero ¿cómo se puede pensar sobre aquellas no experimentadas, sin haber alguna reminiscencia de ellas en el recuerdo? Nadie puede pensar sobre cosas no experimentadas. Entonces, ¿cómo podemos decir que pensar sobre cosas no experimentadas sea un pensamiento?*

15

M.: Sí, es posible. Pensar sobre cosas no experimentadas también es un pensamiento. Los objetos no experimentados aparecen como tales solo después de pensar.

D.: *¿Cómo pueden venir a la órbita del pensamiento cosas no experimentadas anteriormente?*

M.: Por el proceso de inducción *anvaya vyatireka* (positiva y negativa). Toda imaginación mental debe considerarse una forma del pensamiento, aunque no sea sobre cosas experimentadas.

16-17

D.: *¿Cómo se aplica aquí la inducción positiva y negativa?*

M.: Cualquier cosa existente o no existente, y experimentada o no experimentada, como sea y cuando sea, si se piensa sobre ella, es aprehendida. El mero pensamiento sobre ella equivale a su aprehensión. Esto es inducción positiva. Real o irreal, experimentado o no, aquello sobre lo que no se piensa, no se puede aprehender. Esto es la inducción negativa. Por tanto, se puede deducir que el pensamiento es una aprehensión.

18

D.: *¿Cómo puede ser el mero pensamiento sobre algo su aprehensión? Las cosas son aprehendidas directamente por los sentidos o por el recuerdo de experiencias pasadas. Por otra parte, algo no visto o no oído no puede ser aprehendido por solo pensar sobre ello. Por lo tanto, el mero pensamiento sobre algo no nos lleva a su aprehensión. Esto es una conclusión lógica. Así pues, su teoría no se sostiene firme.*

M.: No estás en lo cierto. ¿Cómo puedes afirmar que lo que no perciben directamente los sentidos no es aprehendido? Los goces del cielo, a pesar de no ser experimentados, se presentan vívidamente en nuestras mentes. Esto se debe al conocimiento que de ellos nos dan las Escrituras. Aparecen ante nosotros como delicias no experimentadas.

19-21

D.: *Se puede pensar sobre las cosas experimentadas y a la vez conocerlas. Pero las cosas no experimentadas, aunque se pueda pensar sobre ellas, no se pueden conocer.*

M.: Escucha. Tanto las cosas experimentadas como las no experimentadas pueden conocerse. De igual manera que las que son experimentadas en un lugar distante son conocidas y caviladas, las no experimentadas pueden ser conocidas y pensadas por el hecho de escuchar hablar de ellas, como por ejemplo el monte Meru, de oro brillante. A pesar de que los ojos y los oídos estén cerrados, se puede tener y conocer pensamientos y visiones. A pesar de estar en la oscuridad, uno puede pensar sobre un objeto y conocerlo. Incluso sin oído ni visión, los ciegos y los sordos conocen formas y sonidos pensando sobre ellos. Por lo tanto, conocido o desconocido, todo lo que se piensa puede ser aprehendido. Esta es la afirmación positiva.

22

D.: *¿Cuál es la negativa?*

M.: En ausencia de la mente, en los desmayos, en el sueño profundo o en el trance, no hay pensamiento, y consecuentemente no se ve nada. No solo en estos estados, sino que en vigilia, si uno no piensa, todo desaparece, no hay fenómenos.

23-24

D.: *En el estado de vigilia no puede ser así. Los objetos de conocimiento directo son aprehendidos, incluso si no se piensa sobre ellos.*

M.: No, lo que dices no es cierto. A diario la experiencia nos muestra lo contrario.

D.: *¿Cómo?*

M.: Cuando un hombre está atentamente concentrado en algo, no responde a quien le llama. Después dice: "Estaba absorto en otra cosa, no pude oír, no pude ver, no estaba consciente...". Se demuestra con esto que, a falta de atención, no se pueden aprehender los objetos de conocimiento directo.

26-28

D.: *¿No pueden ser aprehendidos los objetos de conocimiento directo sin atención?*

M.: A pesar de estar en contacto directo con los sentidos, los objetos no pueden conocerse si no hay atención. A pesar de que el collar se encuentra en contacto con el cuerpo, dado que quien lo porta no está atento, no detecta su presencia e, inconsciente de llevarlo puesto, incluso echa de menos el ornamento y comienza a buscarlo. A pesar de estar en contacto con su cuerpo, quien lleva el collar no lo halla por falta de atención. Otro ejemplo: un paciente que se está retorciendo de dolor puede olvidarse de este cuando se lleva su atención a algún otro lugar, y también esto ocurre cuando alguien que ha sido despojado de alguna propiedad se olvida de su pena por fijarse en otro asunto de interés. Es obvio que, sin atención, no se puede conocer ni siquiera los objetos de percepción directa.

29-31

De esto se deduce que la cognición de cualquier cosa, experimentada o no, de cualquier manera que sea, solo puede ser en forma de pensamiento. Por lo tanto, la percepción de las cosas ha sido denominada con diversos términos en el Vedanta, tales como la cognición de esto y aquello, deseo, pensamiento, modo mental, intelecto, latencia, conciencia reflejada, el nudo del corazón, el vidente, la ilusión, lo individual, el mundo, Todo, Dios, etc.

D.: *¿Dónde se dice que este conocimiento se ha hecho el Todo? También en otro lugar se dice que* maya *ha hecho todo esto, ¿no?*

M.: Sí, *maya* es el Conocimiento del que se habla. Lo que ocurre es que este Conocimiento se ha denominado de diferentes modos: *maya, avidya,* atadura, impureza, oscuridad, ignorancia de la mente, ciclo de nacimientos y muertes, etc.

D.: *Si es así, ¿qué tiene que ver todo esto con la extinción de la mente?*

M.: Escucha. Debes comprender que el conocimiento indicado por todos esos términos es solo la mente.

32-33

D.: *¿Quién más dice esto?*

M.: Vasishta le dice a Rama: "Cualquier conocimiento objetivo manifestado como esto y aquello, o ni esto ni aquello, o de otra manera, es solo la mente. La mente no es más que su conocimiento manifiesto".

D.: *Bien, así sea, ¿cómo se puede extinguir la mente?*

M.: Olvidarse de todo es el medio fundamental. Si no fuese por el pensamiento, el mundo no emergería. No pienses, y no aparecerá. Cuando no pasa nada por la mente, la mente misma está perdida. Por lo tanto, no pienses en cosa alguna, olvídalo todo. Este es el mejor camino para matar la mente.

D.: *¿Quién ha dicho esto antes?*

M.: Vasishta se lo dijo a Rama de esta manera: "Borra toda clase de pensamientos, de lo gozado, de lo no gozado, o de otro tipo. Como un madero o una roca, permanece libre de pensamientos". Rama le preguntó, "¿Debo abandonarlo y olvidarlo todo a la vez?", la respuesta de Vasishta fue esta "exactamente, olvídalo todo a la vez y permanece como un madero o una piedra", y Rama le dijo "el resultado será el embotamiento, como el de las piedras o las rocas, a lo que Vasishta respondió: "No es así. Todo esto es solo una ilusión. Olvidando la ilusión, te verás libre de ello. A pesar de parecer torpe y embotado, serás la dicha misma. Tu intelecto estará claro y aguzado. Sin enredarte en la vida cotidiana, pero pareciendo activo a los ojos de los demás, permanece como la Bienaventurada Conciencia y sé feliz. De diferente modo que el azul del cielo, no permitas que la ilusión del mundo se reavive en el éter puro de la Conciencia. Olvidar esta ilusión es el único medio de matar la mente y permanecer como la dicha suprema. Aunque te instruyeran Shiva, Vishnú y Brahma, no te sería posible alcanzar la liberación sin este medio. Sin olvidarlo todo, la fijeza en el Ser es imposible... Por lo tanto, olvídalo todo a la vez.

38-39

D.: *¿No es muy difícil hacerlo?*
M.: A pesar de que para el ignorante es difícil, les resulta muy sencillo a los pocos dotados de discernimiento. Nunca pienses en nada, salvo en el único e impartido Brahmán. Por una práctica prolongada de esto olvidarás rápidamente el no ser. No puede ser muy difícil permanecer tranquilo sin pensar en nada. No permitas que los pensamientos nazcan en tu mente, y piensa siempre en Brahmán. De esta forma todos los pensamientos mundanos se desvanecerán y solo quedará el pensamiento sobre Brahmán. Cuando esto se haga firme, olvida incluso esto, y sin pensar "yo soy Brahmán", sé el mismo Brahmán. Esto no puede ser difícil de practicar.

40

M.: Ahora, hijo mío, sigue este consejo, deja de pensar en cualquier cosa excepto en Brahmán. Por medio de esta práctica tu mente se extinguirá, olvidarás todo y permanecerás como el Brahmán puro.

41

Quien estudie este capítulo y siga sus instrucciones pronto se convertirá en el mismo Brahmán.

OM TAT SAT

GLOSARIO

ABHANAVARANA: Ignorancia.
ADHYARUPA: Sobreimposición
ADVADHI: Límite.
AGAMÍ: Futuro.
ANANDA: Bienaventuranza.
ANIRVACHANIYAM: Inexpresable.
APAVADA: Supresión de la Sobreimposición.
ASANA: Postura firme.
AVARANA: Ocultación.
AVIDYA: Realidad básica escondida en la ignorancia.

BADHA: Incondicionalidad.
BHAVA: Entidad.
BRAHMÁN - BRAHMA: Divinidad.
BRAHMÍN: Miembro de la casta superior.

CHID: Conocimiento.

DAMA: Control de los sentidos.
DHRANA: Mente recogida hacia la Verdad.
DHYANA: Meditación.

FALA: Fruto.

GNAYANAA: Conocimiento.
GURÚ: Maestro.

HETU: Causa.
HIRANYAGARBHA: Ignorancia en el universo del sueño.

ISHVARA: Creador y Controlador Supremo: Dios.

JAGRAT: Estado de vigilia.
JIVA: Identificación del "yo" con el cuerpo.
JIVANMUKI: Cuerpo.

KARMA: Acción, consecuencia de las acciones pasadas.
KARUNA: Compasión por los afligidos.
KARYA: Efecto.

MAHAVAKYA: Sentencias védicas del Upanishad.
MAITRI: Amistad de los santos.
MANABA: Razonar, reflexión.
MANTRAS: Fórmulas místicas.
MAYA: Ilusión.
MUDITA: Goce de la felicidad de los virtuosos.
MUKHYA: Condicionalidad.
MUKTI: Liberación.
MUMUKSUTVA: Deseo de estar liberado.

NIDHIDHYASANA: Meditar.
NIRVIKALPA: Sin ideas.
NIYAMA: Disciplina.

PRAJNA: Experimentador.
PRANA: Energía vital.

Glosario

PRANAYAMA: Control del aliento vital.
PRATYAHARA: Control de los sentidos.
PITRIS: Antepasados.
PURANAS: Narraciones de carácter didáctico-religioso.

RAJAS: Actividad.

SADHANA: Práctica.
SAKSATKARA: Realización.
SALOKYA, SAMIPYA, SARUPYA, SAYUJYA: Igualdad y otras condiciones.
SAMA: Retirar la mente cuando se exteriorice.
SAMADHANA: Fijar la mente en la realidad.
SAMADHI: Estado de supraconciencia, trance, paz.
SAMNYA: Conocimiento común.
SAMSARA: Ilusión.
SANCHITA: Karma almacenado.
SANKHYA: Proceso de inquisición unido al conocimiento.
SANNYASIN: Monje.
SASTRAS: Escrituras Sagradas.
SAT: Existencia.
SATVA: Pureza.
SHIVASVARUPA: Bienaventuranza Suprema.
SMRITI: Escritura.
SRAVANA: Escuchar.
SRADDA: Fe.
SRUTI: Escritura revelada.
SUSUPTI: Sueño profundo.
SVABHAVA: Naturaleza.
SWARUPA LAKSHANA: Naturaleza esencial.

TAMAS: Pereza.
TAPATRAYA: Aflicciones.
TAPASIA: Austeridad.

TAPASVINS: Anacoretas.
TATASHTA LAKSHANA: Naturaleza accidental.
TITIKSHA: Paciencia.

UPADHI: Desaparición del medio o añadido limitador.
UPARATH: Cesación de actividades.
UPARATI: No pensar en los objetos de los sentidos.
UPEKSHA: Indiferencia ante los defectos de los pecadores.

VAIRAGYA: Desapasionamiento.
VASANAKSAYA: Aniquilación de las latencias.
VASANAS: Impresiones latentes.
VIKSHEPA: Proyección.
VISVA: Yoidad en el cuerpo denso. Experimentador del estado de vigilia.
VTVEKA: Discernimiento.
VRITTIS: Modos.

YAMA: Control de uno mismo.

ÍNDICE

INTRODUCCIÓN 7
I. La sobreimposición (adhyarupa) 9
II. LA SUPRESIÓN DE LA
 SOBREIMPOSICIÓN (Apavada) 41
III. LOS MEDIOS PARA LA REALIZACIÓN (Sadhana) 53
IV. ESCUCHAR (Sravana) 85
V. REFLEXIÓN (Manana) 109
VI. LA ANIQUILACIÓN DE LAS LATENCIAS (Vasanaksaya) 127
VII. REALIZACIÓN (Saksatkara) 135
VIII. LA EXTINCIÓN DE LA MENTE (Manonasa) 157
GLOSARIO 167

Lone Star College System
CyFair Library

[9]

Sp 181.482 Har
Harihar.nandasarasvat., Swami.
Advaita bodha d.p.ka.

34028069384510
CYF ocn849213658
06/13/14

3 4028 06938 4510
CY-FAIR COLLEGE LIBRARY